Aurélienne Dauguet

Gesunde Abgrenzung

MERANO-VERLAG

Umschlaggestaltung:

Ein großes Dankeschön an Claudia Zanvit für das besondere Foto auf dem Buchcover: enso2@mac.com

Bibliografische Information der Deutschen Nationalbibliothek:

Die Deutsche Nationalbibliothek verzeichnet diese Publikation in der Deutschen Nationalbibliografie; detaillierte bibliografische Daten sind im Internet über http://dnb.dnb.de abrufbar.

© Oktober 2021 - Merano-Verlag, Kipfenberg, Deutschland

Herstellung: BoD - Books on Demand, Norderstedt

ISBN: 978-3-944700- 26-7 (Paperback)

ISBN: 978-3-944700-76-2 (e-book)

Inhaltsverzeichnis

DAS DASEIN IST KÖSTLICH: MAN MUSS NUR DEN MUT HABEN, SEIN EIGENES LEBEN ZU FÜHREN.

Peter Rosegger

1. Einführung

Abgrenzung ist ein menschliches Anliegen, das aus der einmaligen Gabe und Gnade des freien Willens herrührt. Andere Wesen wie Tiere und zu einem geringeren Maße Pflanzen sind hauptsächlich durch Ihren Instinkt programmiert. Jedoch ist es wichtig zu erkennen, dass Tiere auch teilweise über Selbstgestaltungsvermögen ihres Schicksals verfügen. Auch sie, und das bestätigen vermehrt neue Tierforschungen, sind mit Entscheidungen und grundsätzlichen moralischen Themen konfrontiert. Auch sie müssen immer wieder sich neu orientieren, abwägen, Prioritäten setzen und Entscheidungen treffen.

Für den Menschen geht es um Unterscheidungs- und Entscheidungsfähigkeit. Dafür benötigt er umso mehr Möglichkeiten eine Wahl zu treffen. Damit soll er über eine echte Vielfalt an freien potenziellen Lösungen, Antworten oder Umständen verfügen. Da liegt die Freiheit, die Wahlfreiheit anzunehmen, abzulehnen oder Neues hinzuzufügen. Dadurch wird sie angeregt, herausgefordert, erweitert und auf diese Weise ausgeübt und ausgelebt. Und in diesen Zeiten der Bewusstseinserweiterung erst recht. Darüber hinaus ist es notwendig eine pragmatische, überlegte, faire und weise Abgrenzungsfähigkeit zu entwickeln. Und zwar in allen Bereichen des Lebens, in denen uns unterschiedliche Wachstumsmöglichkeiten begegnen.

Wir werden allgemeine Mechanismen untersuchen, aber auch bestimmte Themen durchnehmen, die aktuelle Interesse bieten. Wie immer verbinden wir alltägliche Inhalte mit unserer tiefen Spiritualität. Wir betrachten den Menschen als Interface oder Ankerpunkt zwischen dem Universum und der irdischen Manifestationsebene. Es mag eine kleine Herausforderung sein, von einem privaten, geringen Problem zu einer kosmischen Betrachtung und deren universellem Ausmaß den Bogen zu spannen. Aber gerade das werden wir erzielen: das Alltags-Problemchen nutzen wir als Sprungbrett zu einem breiteren Gewahrsein, das mit Weisheit und Gewissen, Erkenntnissen und Intelligenz sowie mit der allgemeinen Entwicklung zusammensteht.

Wir erforschen die Spiritualität des Alltags. Ganz simpel und bescheiden, aber wir ehren gleichzeitig das Großartige und das Großzügige in uns. Wir wünschen uns sehr, dass Sie dabeibleiben, auch wenn manches auf den ersten Blick schwierig zu verfolgen scheint. Mit der Zeit ergibt sich ein gesamtes Bild. Immerhin regt die Energie der Worte das Puzzle des Bewusstseins an.

2. DAS MENSCHLICHE PARADOX

a) Alles ist eins
b) Spirit im Körper
c) Gleichgewicht zwischen Offenheit und Grenzen setzen
d) Anspielung auf Farbe

a) Alles ist eins

Das menschliche Dasein bildet eine Einheit innerhalb der Polaritäten. Seine energetisch-spirituelle Essenz stammt aus dem einen Grundgedanken oder der Matrix, die alles erschafft und woraus alles entsteht. Das ist der unendliche, ewige Aspekt der universellen Kraft, der gleichzeitig immer und überall und alles durchdringt. Davon sind wir Teil und somit mit in allem verbunden. Wir sind alle eins. Nicht nur mit unseren Mitmenschen, sondern mit allem Lebendigen, mit allem, was ist.

b) Spirit im Körper

Wir sind Spirit im Körper. Die spirituelle Matrix durchwebt den physischen, materiellen Körper. Die subtile Energie wird zu Materie. Der Geist ist in die Physis inkarniert. Und wir sind für diese messbare, abgegrenzte Einheit zuständig. Da fängt der Seiltanz an. Wie erlangen wir die Verbindung zwischen unseren polaren Aspekten im Alltag im Rahmen einer gesunden Abgrenzung? Genau dies wollen wir unter unterschiedlichen Perspektiven betrachten.

Spirit im Körper in einer materiellen Welt wird selbstverständlich mit einem Schwerpunkt auf der Materie betrachtet bis zur Negierung der spirituellen, feinstofflichen, energetischen und anderen subtilen Anteile. Oder diese werden in der Kirche und an weiteren religiösen Orten abgeschottet, vielleicht auch in der Kunst, denn kreative Menschen überspringen gelegentlich die Grenzen der Ratio. Weiter hinaus landen wir in zwielichtigen Domänen, wo Dinge angesprochen werden, die als beängstigend, seltsam, nicht beweisbar und nicht durchschaubar gelten. Eigentlich dürfen sie nicht sein, flüstert die oberflächliche Meinung.

Das Ergebnis aus dieser heiklen Gespaltenheit, die das herrschende Denken durchdringt, ist die Reduzierung des Menschlichen auf eine mechanistische, funktionierende und jetzt digital - steuerbare Einheit.

Das ist ein Grund dafür, warum die meisten Menschen sich mit ihrer physischen Erscheinung identifizieren. Da ist die Mehrheit der Menschheit, die einfach Unbehagen vermeiden will und dem Genuss der Sinne nachgeht. Dann gibt es die Gemütszustände, die rebellisch und unberechenbar aufwühlen. Diese werden gern unter Kontrolle gehalten, bis sie krank machen. Der Wille und der Intellekt werden wiederum gedrillt und auf die sogenannte Realität fokussiert. Genauer gesagt auf dem Konsens, womit wir alle einverstanden sein sollten. Dafür sorgen Eltern und unterschiedliche Lehrinstitutionen vom Kindergarten bis zu den höchsten Forschungsbehörden,

Universitäten und dem vorsehbaren Karriere-Verlauf. Es muss alles in vorgegeben Rahmen bleiben.

Aber der Mensch sprudelt vor lauter spontanen Reaktionen. Diese tauchen in Lebenskrisen auf, in der Medizin, in der Physik, unter Kindern der neuen Generationen, die außerordentliche Begabungen und Störungen in die vermeintlich vorhersehbare Welt hineinschmuggeln. Interesse, Erfahrungen, Neugierde richten sich vermehrt auf Themen, die entweder als Tabu, ausgeschlossen, inexistent oder gar verboten gelten. Das Bewusstseinsspektrum erweitert sich. Der Mensch will wissen und vermutet wohl, dass etwas Faszinierendes hinter dem Vorhang der Wirklichkeit steckt.

Wir entdecken, dass es keine Grenzen gibt, denn das Universum erweitert sich ständig. Wo wollen wir uns abgrenzen, wo es keine Grenzen gibt? Wir wollen offen sein, werden aber schnell zurückgeholt und daran erinnert, dass es gefährlich sein könnte, dass es der falsche Weg, die inoffizielle Version ist, dass man „sowieso nicht daran glaubt". Angst, Zweifel und allgemeines Unwissen über unsere grundsätzliche menschliche Natur erschwert das Aufstellen ausgewogener Grenzen. Daraus besteht unsere Aufgabe.

c) Gleichgewicht zwischen Offenheit und Grenzen setzen

Energetisch gesehen ist der Mensch sowie alles im Universum Empfänger und Sender. Wir stehen in einem unendlichen Meer aus Urkraft auch anders Licht, Prana, Energie, Orgon, Chi, Lebenskraft und so weiter genannt. Sie ist die Quelle unserer

Lebendigkeit. Nicht nur baden wir sozusagen in diesem lebendigen Ozean, woraus wir bestehen, sondern wir interagieren ständig mit ihm durch die Atmung, durch die Energie-Aufnahme des Ätherkörpers, durch die Gefühle und Empfindungen, die wir bewusst und unbewusst verarbeiten und zum Ausdruck bringen, durch Meinungen und intellektuelle Überlegungen, die wir austauschen. Was wir aus dem Universum empfangen, prozessieren wir durch unsere Individualität, um es anschließend an den Ozean der unendlichen Energie zurückzugeben - in einer durch unseren Abdruck leicht veränderten Form. Gleichzeitig werden wir durch diese Erfahrung bereichert und tragen somit etwas zum Kosmos bei. Ein interessanter Deal, nicht wahr? Eigentlich ist es ein alchemistischer Vorgang vom Feinsten – Wären wir uns nur dessen bewusst!

Eine unentbehrliche Interdependenz ist da am Werk, die die Verbindung mit dem großen Ganzen schafft und alles trägt in eine nährende Geborgenheit. Schön wäre es, wenn wir uns öfters daran erinnern würden! Auf diese Weise würden wir im selben Zuge unsere Größe, unsere innewohnende Geborgenheit sowie die ursprüngliche Kraft ehren.

Im emotionalen sowie im mentalen Bereich ist es überlebenswichtig empfänglich und aufnahmefähig zu bleiben, sonst besteht die Gefahr, dass wir uns von unserem Umfeld abschotten. Ohne Kontakt und Austausch verkümmern unsere Gefühlsleben sowie unsere kognitiven Fähigkeiten. Unsere Existenz und unser Überleben sind von Geben und Nehmen, von Geschenken und Herausforderungen abhängig: die Bewegung bringt alles in Fluss und hält das Ganze am Leben. Und daraus besteht unsere Nahrung im physischen, emotionalen, mentalen und spirituellen Sinne.

Andererseits müssen wir die Notwendigkeit erkennen, wann wir bremsen sollen und ein Limit aufstellen wollen. Sonst lösen wir uns gänzlich auf in diesem unaufhörlichen Fluss, bis unsere Identität und unsere körperliche Unversehrtheit sich auflösen. Und jetzt fängt gleich die nächste Überlegung an, die an die Ethik grenzt: wann, wo und wie grenzen wir uns in jeglichen Bereichen ab? Und hier stoßen wir auf die persönliche, kulturelle, menschliche Integrität. Wieviel können wir integrieren, wann ist die Grenze erreicht? Viele Menschen wissen nicht, wann sie satt sind. Wann weiß man, dass man am Rande eines Burn - out ist?

Die eigene Freiheit hört auf, wo die Freiheit des Gegenübers anfängt. Eine feine moralische Regel: wie wird sie aber praktisch umgesetzt im Trubel des Alltags? Da benötigt sie Fingerspitzgefühl. Wann wird die Souveränität eines Wesens, einer Nation, einer Gruppe, wann wird die Souveränität der Menschheit selbst verletzt, eingeschränkt oder gar vernichtet?

Wollen wir Mauern, Zäune, Gefängnisse, Schutz und Sicherheitsmaßnahmen ständig in jedem Bereich aufbauen, und in einer Dauer-Paranoia leben? Ist man dann nicht mehr imstande sich selbst zu vertrauen, benötigt man dafür eine digitale Selbstkontrolle, die regelmäßige Feedbacks liefert.

Dann nähert man sich einer pathologischen Welt, die sich von ihrer Quelle, von ihrem lebensspendenden Ursprung bald vollkommen abgetrennt hat.

Die Abgrenzung vom Leben selbst bedeutet Niedergang, Zerstörung, Verfall und Krankheit. Es ist Zeit sich zwischen Leben und Zerfall zu entscheiden. Es ist Zeit sich zu positionieren und gesunde Grenzen zu setzen. Fangen wir im Kleinen an, eine gesunde Abgrenzung zu pflegen.

d) Anspielung auf Farbe

Lassen wir uns die Sprache von den drei Primärfarben und einer Sekundärfarbe betrachten.

Wenn ein Kind ein Haus malt, wird es meistens die Zeichnung mit einem blauen Himmel mit strahlender Sonne versehen. Dann kommt noch eine grüne Fläche mit einer Straße, vielleicht einem Baum hinzu.

Blau steht für die Unendlichkeit und die Grenzenlosigkeit des Himmels, für die Freiheit, die wir als Spirit vor der Inkarnation genießen. Die Farbe Blau versinnbildlicht die himmlische Herkunft der Menschheit sowie die universelle Ordnung. Aus der Einheit des Himmels trennen wir uns, um unsere Individualität zu definieren. Wir entdecken, dass wir nicht mehr eins sind, obwohl wir noch in Verbindung mit der Einheit bleiben. Das verbunden bleiben ist das conditio sine qua non unserer Lebendigkeit. Durch diese partielle Trennung erhalten wir die Verantwortung, unsere individuelle Persönlichkeit zu pflegen, zu versorgen und zu schützen. Das Ich ist geboren. Als

Abbild des Kosmos tragen wir eine persönliche Sonne in der Mitte in unserem Körper als Sonnengeflecht: eines von den sieben Energiezentren, die an die Wirbelsäule angeschlossen sind. Der Solarplexus stellt im übertragenen Sinne das aktuelle Stadium der durchschnittlichen menschlichen Entwicklung dar. Das Sonnengeflecht ist zuständig für die Verdauungsprozesse sowohl im körperlichen als auch im mentalen Bereich. Es hat mit Freude aber auch mit Depression zu tun, mit Ängsten aller Art bis zu Phobien, die wir aus vorigen Leben mitgebracht haben. Vor allem steht der Solarplexus mit unserer Individualität in Verbindung. Wer bin ich? Ich selbst, ein Schatten von jemand anderem oder sogar eine Marionette? Die Thematiken Ego und Macht liegen nah beieinander auch in diesem Chakra. Das Ego hat sich entwickelt, um die persönliche Identität zu definieren und aufrechtzuerhalten als Gegensatz zu der Verschmelzung mit den anderen Ebenen und anderen Egos. Keineswegs geht es darum, das Ego auszurotten, sondern es ist unsere Aufgabe es in gesunden Grenzen zu entfalten. Häufig ist dieses Energiezentrum bei vielen unausgeglichen. Es ist entweder überaktiv oder unteraktiv, kann aber auch blockiert sein. In diesem Fall beeinträchtigt es wesentlich den Energiefluss von Kopf bis Fuß und in umgekehrter Richtung.

Im Kontext der Farbsprache der Kindeszeichnung braucht Gelb das Blau: die Sonne befindet sich ja im blauen Himmel. Grundsätzlich benötigt die Individualität die Verbindung zur Einheit, zum Himmlischen und zum Ursprung im geistigen Sinne.

Blau und Gelb vermischen sich zur grünen Farbe im Herzzentrum Mitte im Brustkorb. Die Einzigartigkeit findet ihr Gleichgewicht zwischen der endlichen Ich-Kraft und der Ewigkeit – Gelb und Blau im Grün des Herzens. Dieses Energiezentrum steht für Harmonie, Raum, Freiheit, Grenze, für Wahrheit, für den Weg als Lebensweg. Grün ist die „Mittigkeit" und die Zentriertheit. Das Ganze ist in der Natur und der natürlichen Regeneration eingebettet. Grün steht für den Bezug zum Du. Die Farbschwingung Grün hilft uns abzugrenzen in der Harmonie der Wahrheit und der Freiheit.

Und wo findet diese Aufgabe statt? Wo sonst als auf Mutter Erde! In diesem Zusammenhang steht sie für unsere irdische Heimat und entspricht der roten Farbe der Erdung, und der Verwirklichung auf der Manifestationsebene. Im Rot begegnen wir der dritten Primärfarbe. Rot ist der Ausdruck der Liebe auf Erden. Hier ist es unsere frei gewählte Bestimmung die Liebe zu verfeinern, wobei wir uns im Herzen und unserem Lebensweg treu bleiben: Loyalität und Liebe leben, während wir die Grenzen der persönlichen Einheit auf gesunde Weise aufrechterhalten und offen bleiben in der Begegnung mit dem Du. Das Ganze in Freiheit, Selbstbestimmung, Unabhängigkeit und Aufrichtigkeit.

Wohlwollendes Streben und Absicht in dieser Bemühung wirken sich auf den roten Farbton aus und durchleuchtet ihn mit reinem weißem Licht, so dass die Färbung sich in ein zartes und leuchtendes Rosa verwandelt. Erst dann wird diese allumfassende rosa Kraft hinaufsteigen und im grünen Kelch des Herzens ihren süßen Nektar spenden. Gesunde Abgrenzung in der Liebe des Selbst und des Gegenübers: es ist unser Vorhaben.

Betrachten wir jetzt, wie wir diese Aufgabe erfüllen können und was uns dazu verhilft. Ergänzende Themen werden sich dazufügen und wir nehmen vier verschiedene Ausgangspunkte, um sie in unsere Ganzheit miteinzubeziehen. Somit behandeln wir die Abgrenzungsthematik durch folgende Zugänge: physisch, emotionell, mental und spirituell. Diese entsprechen den unterschiedlichen Aura-Schichten um den Menschen herum. Sie vertreten ebenso die vier Dimensionen unserer Daseins-Evolution. Darüber hinaus sind sie parallel in der inneren sowie in der äußeren Realität anzutreffen – und gleichzeitig im groben wie im feinstofflichen Bereich.

3. ABGRENZUNG AUF DER PHYSISCHEN / MATERIELLEN EBENE

a) Körperliche Unversehrtheit
b) Grenzüberschreitung in die physische Einheit
c) Selbstgewählte Herausforderungen

a) Körperliche Unversehrtheit

Die Tatsache, dass wir inkarniert sind, ist von den zeitlichen und räumlichen Grenzen unseres Daseins als Mensch auf dem Planeten Erde definiert und untermauert. Wir sind keine geistige Entität im feinstofflichen Zustand mehr, sondern wir haben uns einen grobstofflichen, materiellen Körper zugelegt, in dem wir eine Inkarnation verbringen wollen. Diese Entscheidung ist eine implizite Zusage an die „Physikalität" unserer Existenz und an die Manifestationsebene.

Im reinen physischen Sinne ist die Haut unsere erste Grenze und gleichzeitig unser größtes Organ. Sie hält alles zusammen und sie übt eine schützende Funktion aus, sowohl für die verschiedenen inneren Systeme wie gegen äußere Einwirkungen. Was für ein Wunder und was für eine Aufgabe! Darüber hinaus ermöglicht sie einen Austausch mit der äußeren Welt: sie ist aufnahmefähig für alle Substanzen mit der sie in Kontakt kommt und zugleich Ausscheidungsorgan. Schweiß-Drüsen, Pickel, Falten und Hautveränderungen sind ein Spiegel des inneren Zustands und ein Versuch das innere Gleichgewicht aufrechtzuerhalten. Wir sollten uns auf jeden Pickel und auf jede Falte freuen und sie als Ausdruck und Rückmeldungsmöglichkeit über unsere Gesundheit und inneren Prozesse annehmen. Nicht nur sind sie individuell und aktuell, sondern reflexologisch gesehen wertvolle Hinweise auf unseren Gesundheitszustand. Die Haut kann sich sehr deutlich ausdrücken, besonders wenn wir „ihre Sprache" künstlich unterdrücken. Dies bewirkt, dass ihre Reaktionen verdrängt und die Gifte im Inneren bleiben. Somit können Toxine und Schlacken ein „Terrain", „ein Milieu" für Parasiten bieten, worauf chronische Krankheiten ungeniert gedeihen. Hier sind Reinigung und natürliche Ausleitung angebracht.

Zusätzlich ist die Haut ein Atmungsorgan: die Poren leisten die Entgiftungsverrichtungen. Sind sie mit Schmutz oder Schminke blockiert, sind nicht nur die Sauerstoffaufnahme, sondern auch die Ausscheidungsvorgänge sowie die Erneuerung der Zellen beeinträchtigt. Die Haut braucht frische Luft sowie eine gute Durchblutung. Sie kann effizient und sanft mit einer Emulsion von Wasser und Öl täglich gereinigt werden. Öl im Gegensatz zu Cremes verstopft nicht die Poren und kaltes Wasser am Ende der Waschung wirkt Wunder: es fördert die Durchblutung, macht wach, schließt die Poren für ein feines Hautbild und verleiht einen schönen Teint. Das war der Hautpflege Kurs für heute: preisgünstig, gesund, einfach und frei von schädlichen Substanzen.

Ein Wort zum Gesichtsausdruck. Über die Augen und die Mimik strahlt das Innere des Menschen und kommuniziert auf einzigartige Weise mit seinen Mitmenschen. Durch manche Schönheitsbehandlungen und gesellschaftliche Einflüsse

(Fotos, worauf man nicht lächeln darf, Kontaktverbote, Angst) wird diese natürliche und wunderschöne Verbindungs – und Austauschmöglichkeit in einer ausdruckslosen, erstarrten und einheitlichen Physiognomik eingesperrt.

Laut Dr Calligaris, dem italienischen Psychiater, der die Hautfunktion in Verbindung mit psychischen Fähigkeiten in den 40 er Jahren des letzten Jahrhunderts detailliert untersucht hat, ist jedes Hautquadrat mit feinen „Antennen" versehen. Sie fungieren als Impulsgeber und aktivieren unterschiedliche geistige Tätigkeiten und psychische Zustände, wie zum Beispiel Hellsichtigkeit, Traumzustände und so weiter. Damals hat sich die CIA für seine Forschung interessiert: nur diese Tatsache ist schon ein Beweis dafür, dass etwas „daran sein muss", genauso wie sie die Forschungsarbeiten von Tesla und Wilhelm Reich verfolgt hat. Für beide außerordentlichen Forscher mit katastrophalen Folgen.

Unsere Haut ist also viel mehr als was wir im Alltag sehen: pflegen wir dieses wertvolle Organ mit viel Achtsamkeit!

Nichtsdestotrotz stellt die Haut das größte Kontaktorgan dar. Sie ist reichlich mit Nervenendungen und Meridianen versehen und daher empfindungsreich und bereit. Von den erogenen Zonen bis zur festen Haut der Fußsohlen gewährleistet sie sehr unterschiedliche Funktionen. Sie verlangt entsprechende Berührungskontakte. Berührung ist überlebenswichtig für Babys und Kleinkinder und auch für Menschen in allen Altersgruppen bis zum Todesbett, wo die letzte Kommunikation sich manchmal nur durch ein liebevolles Handhalten in seiner wahren Bedingungslosigkeit ausdrückt. Die Art, die Häufigkeit und die Intensität der Berührung werden unterschiedlich ausgedrückt und erlebt in unterschiedlichen Ländern und Kulturen. Natürlich äußern sie sich auch auf differenzierte Weise abhängig davon, ob wir eine intime Person, ein Familienmitglied oder einen Bekannten umarmen. Die Haut ist daher ein Beziehungs- und Ausdrucksorgan, ein Kommunikationsvektor und eine Überbrückung zwischen unserem Inneren und unserer Umwelt außen.

Damit die Haut uns auf geeignete Weise schützen kann, muss sie im guten Zustand und gesund sein, genauso wie das Immunsystem. Es ist für die Abwehr und die Regeneration zuständig. Es hilft dem Körper, sich gegen äußere Einwirkungen zu wehren. Es grenzt uns ab von schwächenden Einflüssen. Sind wir dankbar und achtsam im Umgang mit unseren wunderbaren Körpern, wird er uns treu dienen. Wir sind die SpezialistInnen unseres Körpers, keiner kann ihn so gut kennen wie wir, denn wir leben nicht nur mit ihm, sondern in ihm seit vielen Jahrzehnten. Es gilt seine Sprache, seine Tendenzen zu erkennen und zu wissen, welche Hausmittel, Gewohnheiten und Maßnahmen ihn zufrieden stellen. Es gilt zu unterscheiden, wann ich in die Notfallstation rennen muss, wann er eine Giftspritze braucht oder irgendeine medizinische Keule und wann Ruhe, Fasten, Schlaf oder Bewegung wohltuend oder nötig sind. Wir haben eine solche Selbstentfremdung erreicht, dass der Mensch Angst vor sich selbst hat (und vor einander) und auf Leben allergisch geworden ist.

Erden wir uns und kommen wir endlich in unserem Körper an, denn er ist der Tempel der Seele während unserer irdischen Reise!

Wie geht es Ihrer Seele in Ihrem Körper heute?

In diesen Zusammenhang gehört auch die Wahrnehmung der persönlichen Bedürfnisse: Ernährung, Schlaf, Ruhe, Aktivität, Rückzug, Herdentrieb, Sexualität, Natur. Jeder Mensch hat unterschiedliche Verlangen zu verschiedenen Zeiten und Lebensphasen. Es ist keine Selbstverständlichkeit für ein spirituelles Wesen in einem Körper zu leben, seine individuelle Situation und natürlichen Rhythmen abzuwägen. Nicht selten beobachte ich Leute jeden Alters, die ungeeignet angezogen sind, die müde aussehen oder die riesige Mengen Nahrung oder Alkohol zu sich nehmen – mehr als für sie gut ist.

Unmittelbar auf dem Körper tragen wir Kleidung. Inwiefern bietet sie uns Schutz vor der Kälte, vor der Hitze und vor der Sonne, vor den Blicken? Inwiefern ist sie geeignet? Nicht nur die Farben, die wir tragen, sondern auch die Textilbeschaffenheit, ob Natur- oder Kunstfaser, beeinflusst sowohl die Haut als den Leib, das Gemüt, die Aura und ebenso das Umfeld. Wir wirken und fühlen uns nämlich anders in einem roten als in einem blauen Kleid.

Darüber hinaus besitzen wir eine feinstoffliche Schicht um den Körper herum, woraus der physische Leib entsteht. Die Aura ist ein natürlicher, hoch differenzierter Schutzmantel. Wünschenswert wäre es, sich diese subtile Hülle bewusster zu machen und sie ebenso zu pflegen. Seit Jahrzehnten gebe ich Einzelsitzungen in Aura Lesen und Aura Reinigen sowie Unterricht in Auratherapie. Unsere körperliche Gesundheit ist vom Zustand der Aura und der Chakren abhängig. Im regelmäßigen Abstand soll die Aura gereinigt, gepflegt und harmonisiert werden. Es ist unentbehrlich, dass der Mensch in seiner Ganzheit betrachtet wird und seine unterschiedlichen Daseinsebenen mit einbezogen werden, um wirklich gesund zu sein und seine geistige / spirituelle Aufgabe zu erfüllen. Solange das sogenannte „Unsichtbare" nicht anerkannt wird, sind die wahren Ursachen von Störungen verdrängt und bleiben somit „unbekannt". Diese Bemerkung bezieht sich nicht nur auf den feinstofflichen Aspekt des Menschlichen, sondern auch auf den Strahlen-Salat in dem wir täglich baden, auf die krankmachenden Strahlungen um uns herum. Können wir immer noch behaupten: "Wir wussten nicht, dass sie solche Nebenwirkungen haben", wenn aufrichtige Untersuchungen schon längst durchgeführt worden sind? Irgendwann gilt es die Augen zu öffnen und die Wahrheit zu konfrontieren. Wie lange wollen wir noch alles Unbequeme unter den Teppich verdrängen? Der Teppich will einmal für alle Male richtig durchgeschüttelt werden, oder noch besser komplett entsorgt werden. Auch das gehört zur gesunden Abgrenzung!

Jenseits von Haut und Aura besitzen wir noch eine Schutzhülle nämlich unseren Wohnort. In unserer Wohnung, in unserem Haus können wir unser Privatleben verrichten. Dort ist es wichtig, sich mit angenehmen Gegenständen zu umgeben. Lieber weniger und dafür qualitativ harmonische Dekoration und Mobiliar um sich herum zu haben als eine Fülle von schlechter und geschmackloser Qualität. Hier sollen wir uns wohl fühlen, um uns zu entspannen, um uns zu begegnen, um kreativ zu sein, um Intimität zu genießen und um aufzutanken. Die Privatsphäre ist ein Grundrecht. Genauso wie unsere Aura und unsere Haut gilt es diese persönliche Sphäre zu klären, zu schützen und zu gestalten, wie sie uns entspricht.

„Wir leben in Gemeinschaften" erzählt mir sehnsüchtig mein afrikanischer Freund. Ich habe Verständnis und Mitgefühl für ihn und was ihm fehlt in der europäischen Gesellschaft. Aber ich benötige meine Privatsphäre: die Gemeinschaft könnte eine Überforderung für meine Abgrenzung sein. Ja, ich freue mich die Wohnungstür abzuschließen und in meiner Welt zu verweilen. Anscheinend geht es vielen anderen Menschen ähnlich. Deshalb ist die Abgrenzung in den Großstädten so extrem, dass manche Menschen allein sterben. Das aber ist Isolation, das bedeutet Abschottung und Selbstausgrenzung und ist gleichzustellen mit einer Art der sozialen Verarmung.

Einen weiteren „ungesunden" Abgrenzungsort möchte ich hier noch erwähnen nämlich das Gefängnis. Dort herrscht eine Abgrenzung, die zur Freiheitsstrafe dient. Dort werden dem Menschen seine Privatsphäre und seine Freiheit entzogen. Die Grenzen werden ab sofort vom Gesetz, vom Richter und von den Wächtern übernommen und entschieden. Das Recht zur Abgrenzung ist dem Inhaftierten nicht nur entzogen, sondern dafür umgedreht und verstärkt worden. Die Gesellschaft grenzt sich von ihm / ihr ab. Er / sie wird ausgegrenzt. Der Zusammenhalt mit dem Rest der Gesellschaft wird verwehrt. Herausgeworfen werden, nicht zugehören, nicht Teil von der Gruppe, der Gemeinschaft zu sein stellt beim Menschen eine sehr bedrohliche und existentielle Situation dar. Der Mensch ist nämlich ein soziales Wesen. Hausarrest, Sperrungen und allgemeine Einschränkungen der Bewegungsfreiheit und ähnliche Maßnahmen sind als Strafe und Unterdrückung gedacht.

b) Grenzüberschreitung in die physische Einheit

Ein besonderer Respekt, eine ausdrückliche Achtsamkeit dem „Tempel der Seele" oder dem "menschlichen Dasein" gegenüber sollte geboten sein. Wäre das innewohnende Licht von einer größeren Anzahl von Leuten wahrnehmbar, würden wir mehr Wertschätzung und Ergebenheit dem Menschlichen und dem Leben überhaupt entgegenbringen. Eine positive Entwicklung ist durchaus schon zu beobachten und darüber hinaus kann man beobachten, wie die Menschheit für höhere Frequenzen immer empfänglicher wird, was zu einer Bewusstseinserweiterung führt. Ich weiß, es sieht nicht so aus, wenn man die Nachrichten liest. Es war aber noch nie so viel Licht vorhanden auf der Erde. Es leuchtet alles durch, teilweise in einem übertriebenen Ausmaß. Oder eher gesagt, die Reaktionen auf die höhere Frequenz stellt eine Herausforderung für Viele dar.

Unzählige Themen, die Jahrzehnte lang keine Achtung empfangen haben, wie beispielweise Frauen-Thematiken, Minderheiten oder benachteiligte Menschengruppen, kommen jetzt kraftvoll in den Vordergrund und verlangen Toleranz, Akzeptanz und Respekt.

Könnte man behaupten, dass Abgrenzung ein weibliches Thema ist? Wir haben gelernt da zu sitzen mit zusammengepressten Beinen, ein Lächeln auf den Lippen, am besten fromm und höflich, immer zustimmend, hübsch und bescheiden, nett und sanft, geduldig und jederzeit verfügbar und was noch? Wir hörten nur von Eva, bis Lilith ein Outing macht und sich selbstsicher behauptet. Lilith hat noch einen langen Weg vor sich aber „es tut sich was". Wenn auch noch nicht für alle Frauen.

Oder ist Abgrenzung ein männliches Thema? Selbstverständlich übergriffig am weiblichen Körper bis zur „Selbstbedienung" trotz „Nein" und weiteren Abwehrversuchen. „Nein heißt nein" ist der Titel einer Kampagne zum Schutz und Respekt von Frauen, Mädchen und Jungen. Wie weit die Perversion gehen kann, spiegelt sich in Upskurting und K.O.-Tropfen Verabreichung. Wie krank muss man sein, um sich auf solche Zeitvertreibe einzulassen? Haben diese Männer nichts Besseres zu tun in ihrem Leben, als die Privatsphäre von Frauen zu schänden? Was für ein ärmliches Selbstbild besitzen diese Menschen? Was heißt „ein Mann zu sein" für diese Leute?

Was wir anderen antun widerspiegelt die Verachtung dem eigenen Selbst gegenüber. Siehe mein Buch: „EIN NEUES SELBSTBILD ERSCHAFFEN". Darüber hinaus ist was und wie wir essen ein Thema für sich. Sind wir leere Säcke, die mit irgendeinem Abfall (Frei von Bakterien, voll Zucker, in Plastik verpackt und mit 3 Strichcodes versehen) gefüllt werden sollten? Die eigenen Grenzen zu eruieren, schaffen viele Menschen offensichtlich nicht mehr: es benötigen immer mehr zwei Sitze in der S-Bahn, um überhaupt zu sitzen. Was passiert mit dem schönen menschlichen Körper, der so unförmig und schmerzhaft ist? Es gibt unzählig viele Grenzen, die eine Herausforderung darstellen: das Gleichgewicht zwischen dem zu viel und zu wenig, das nicht wissen, was man wirklich mag, kann, darf oder soll oder muss. Eine Selbstentfremdung vom Körper sowie eine Spaltung zwischen Fühlen / Denken ist die Ursache: da sein aber nicht präsent sein, funktionieren ohne Gewahrsein, ferngesteuert und fast entleert von seiner göttlichen Würde. Ein ärmliches Bild trotz Markenklamotten, toller Fingernägel und geilen Autos, Smartphones und weiteres.

Berührung ist nicht gleich Berührung. Sie ist oder soll ein sehr differenzierter Akt sein: wo, wann, wie und natürlich wen. Sie ist nie gleich und sie wird jedes Mal achtsam anders empfunden. Es wäre eine gute Übung mit Kindern, die Art und Weise der Berührung sehr bewusst zu erkunden. Damit das Kind lernt sie zu geben und zu empfangen, Grenzen zu achten (für sich und andere) und vor allem zu entscheiden, wie es berührt werden will und von wem. Schon in den jungen Jahren soll das Mädchen oder der Junge lernen, sich zu behaupten und mit Überzeugung und gesunder Zentriertheit zu sagen: "Das will ich nicht."

Das Übertreten der physischen Grenze ist manchmal ein Spiel für Kinder: anfassen, wo man nicht darf oder gerade wann man es nicht will. Ein zermürbendes Testen der Limits. Ein Machtspiel, das sagt: „Ich trete in dein Feld hinein gegen deinen Willen, ich überschreite deine Grenzen." Auch Mütter sollen Respekt verlangen: Es ist keine Mutterliebe, dem Kind zu erlauben, die körperliche Einheit seiner Mutter zu verletzen und sie zu schlagen, mit irgendetwas auf sie zu werfen oder sie zu beschimpfen. Es wird dieses Muster übernehmen und dieses Verhalten an anderen Frauen und Männern und unmittelbar in seinem privaten Umfeld ausüben. Söhne werden wohl von Müttern erzogen, daher ist ein achtsamer Umgang von Früh an angebracht. Und für die Frauen ein Privileg mit weitreichenden Folgen ihren Kindern Abgrenzung beizubringen: sowohl die Achtung der eigenen Grenzen wie die des Gegenübers.

Eine weitere Art der unerwünschten Berührung ist das Kopfstreichen bei Kindern oder Menschen mit individuellen Merkmalen – beispielweise rothaarige oder Albino, mit glatten oder gelockten Haaren. Das darf nicht geschehen ohne ihre ausdrückliche Zustimmung. Respekt der physischen Grenzen ist Teil der Erziehung und des zwischenmenschlichen Austausches. Jeder Mensch verfügt über einen besonderen Raum um seinen Körper herum. Die Aura ist ein heiliger Ort, der nur bei Zustimmung und bei den nahstehenden und vertrauten Menschen geteilt wird.

Auch bei Tieren, die hoch sensibel und intelligent sind und die telepathischen und hellsichtigen Veranlagungen besitzen, muss die körperliche Unversehrtheit respektiert werden. Auch sie sind imstande ihr Einverständnis zu geben oder eben auch nicht. Wenn ich höre, dass irgendein Tier einen Menschen angegriffen hat, vermute ich fast immer, dass der Mensch sich zuvor übergriffig oder respektlos verhalten hat. Oder der Hai frisst den Menschen, das Rind spießt den Menschen auf seine Hörner und so weiter. Der Zweibeinige, besonders das weiße Exemplar von der Rasse Mensch ist absolut überall am Werk, macht alles kaputt, übernimmt alle Lebensräume auf der Erde, in der Erde, im Wasser, in der Luft und weiter oben bald zu anderen Planeten, die er auch verschmutzen und zerstören wird. Er leistet sich den höchsten Übergriff in vielen Bereichen auf dem Planeten Erde und klagt wie ein kleiner Junge, der gerade das Elternhaus gesprengt hat, dass er heute Nacht nicht in seinem Bettchen schlafen kann. Dafür muss aber der andere büßen: das Tier, der Baum, der ihn stört, das andere Volk, das angeblich nicht so fortgeschritten ist! Das Tier wird erschossen, der Wald gesägt und das fremde Volk beinahe ausgerottet. Was für ein abschätziges und absurdes Verhalten gegen die Natur, das Leben und das Göttliche.

Kehren wir jetzt zurück zum Raum im Sinne von Wohnort, wo jeder seinen Platz hat, um seinen Alltag zu verrichten. Es ist zwar ein Grundrecht aber nicht unbedingt für alle gleichmäßig zugänglich. Zu wenig Platz besonders am Schlafplatz kann zu Promiskuität führen, worunter Frauen, Mädchen und Jungen körperliche Übergriffe erleben können. Armut im weiteren Rahmen zusammen mit Mangel an Hygiene, Lebensraum und Schutz stellt in prekären Verhältnissen ein ernstes Problem dar, das zu gerne übersehen wird. Im soziologischen Bereich ist weiterhin die Problematik des mangelnden Schutzraums für junge Frauen zu beachten, die leichter als Beute der Prostitution und Menschenhandeln zufallen, als wenn sie einen sicheren Raum hätten, wo sie sich in Würde und Ruhe zurückziehen können.

Hier möchte ich eines der Sinnesorgane im Besonderen erwähnen, das nicht richtig „zugemacht" werden kann: das Gehör. Traumatisierte Menschen werden verfolgt von Worten, Sprüchen, Schreien, Klängen, die Misshandlungen begleitet haben. Sie sind kaum auszuschalten, denn die Ohren sind meistens nicht geschützt. Dr. Tomatis, der französische HNO Arzt, der die Entwicklung des Hörens bereits im Mutterleib untersucht hat, bewies die große Aufnahmebereitschaft des Gehörsinnes auditive Informationen zu speichern zusammen mit dem entsprechenden Gemütszustand. Das Gesagte, der Lärm, bestimmte Klänge werden unbewusst registriert und tief im Unterbewusstsein gelagert zusammen mit der gesamten Atmosphäre. Sie können getriggert werden auch ohne Absicht und ein unkontrolliertes Verhalten auslösen. Davon berichten beispielweise manche Kriminelle. Aber auch in der Arbeit an sich und in bestimmten Therapien wie Polarity Wellness kann unbewusstes Material wieder hervorgerufen werden durch ein Klang-Ereignis. Gleichzeitig kann Klang-Therapie auf tiefen Ebenen sehr heilsam sein.

Nun betrachten wir eine andere Art von Übergriffen am physischen Körper, die jedoch eine helfende oder heilende

Absicht innehaben. Jede Behandlung in und am Körper hat mit einem Kontakt und mit dem Betreten des persönlichen Raums des anderen Menschen zu tun. Am besten mit dem Einverständnis des Patienten. Da dürfte jede und jeder, die / der am Körper des anderen wirkt, kurz innehalten. Was für eine Ehre ist es jetzt, eine pflegende oder medizinische Verrichtung im Privatfeld dieser Person durchführen zu dürfen! In einer erleuchteten Gesellschaft wird dieses Gewahrsein besonders gepflegt jedes Mal, wenn der individuelle Raum eines Wesens betreten wird. Insofern das ausdrückliche Zustimmen des Klienten vorhanden ist, und insofern die pflegerischen oder medizinischen Verrichtungen rechtsgemäß und im Einklang mit dem höchsten Wohl der Person durchgeführt werden, haben wir es zu tun mit einem Wunder der Medizin, wie wir viele kennen. Aber es gibt auch die andere Seite der Medaille, wo umstrittenes Vorgehen eher dem Wohl des wirtschaftlichen Ablaufs der Einrichtung oder Zeit - und Raum Eigenarten dient. Der Patient ist eine Nummer; es muss glatt laufen und vor allem muss es sich rentieren, nicht wahr? Dadurch geschehen allerlei Ungereimtheiten, die wirklich nichts zu tun haben mit dem höchsten Wohl entweder von demjenigen, der eigentlich im Zentrum der Behandlung stehen sollte oder gar von seinen Behandelnden und Therapeuten. Bei der Aufklärung und der klaren Entscheidungsfähigkeit des Patienten hapert es dann erst recht, besonders wenn die Person ihr Leben lang alles verdrängt hat, was Krankheit und Behandlung betrifft. Er hat keine Ahnung, nicht einmal über seinen „persönlichen Raum" – seinen Körper und natürlich noch weniger über Behandlungsweisen, die überhaupt möglich sind. „Der Experte" weiß aber Bescheid. Die Beratung verläuft im Sinne vom „Experten". Zwar hat er eine informierte Sicht und die Übersicht von verfügbaren Lösungen. Aber der Patient soll der Spezialist seines eigenen Körpers sein. Unsere Grundverantwortung stellt doch die Verantwortung über das eigene Selbst.

Besonders in Bereichen, wo invasive Substanzen wie Impfungen, psychotropische und schwere Schmerzmittel in den Körper gespritzt werden. Ernste Überlegung und gründliche Information gehört zu einer verantwortungsvollen Entscheidung. Aus den Kinderschuhen heraus! Und wirklich für sich denken! Es fördert die Bereitschaft, spitzfindige Themen zu hinterfragen. Ganz besonders über alles, was sich auf das Lebensende bezieht und auf Organspende, wenn man nicht informiert ist. Der Verein zur Kritischen Aufklärung über Organtransplantation e. V., kurz KAO (was sehr treffend ist, denn der Körper ist nur k.o. und nicht tot, wenn die Organe entnommen werden) liefert interessante und lebenswichtige Argumente und Erfahrungen. Diese gilt es rechtzeitig für sich zu bearbeiten, damit man sich eine informierte Meinung bilden kann. Besonders in Ländern, wo der Staat unmittelbar das Recht beansprucht, die Leichen seine Bürger als Organspende-Pool zu verwenden. Gerade dort ist es wichtig, noch zu Lebzeiten im klaren Bewusstsein sich dafür oder dagegen bewusst zu entscheiden.

Eine Einmischung, die von oben kommt, sind die sogenannten, „chemtrails" (chemische Spuren). Diese Bezeichnung ist eine genaue Beschreibung von den chemischen Abfällen wie Aluminium, Barium und ähnlichen Giften, die aus dem Himmel von Flugzeugen seit den 90-er Jahren des letzten Jahrhunderts gesprüht werden. Um sie salonfähig zu machen, werden die seltsamen Spuren im Himmel „Geoengineering" genannt. Klingt gut, gell? Damals hat man auf lateinisch zurückgegriffen, und damit dem durchschnittlichen Menschen das Wissen verwehrt, aber Englisch hat was, muss man zugeben. Schon damals haben neugierige und unabhängige Forscher das Phänomen mit geringen Mitteln erforscht, als sie noch „geheim" oder „verschwiegen" waren. Wie kann man etwas, das vom Himmel herunterfällt geheim halten? Kein Problem! Leute sind depressiv, verängstigt, so sehr mit Belanglosem beschäftigt, dass sie nicht einmal sehen, was vor ihnen steht, geschweige denn, was von oben aus dem Himmel kommt. Sehr gut dokumentiert ist dieses Phänomen in dem Film vom Schweizer Regisseur Matthias Hanke und Produzent Tristan Albrecht „Overcast". Übrigens wurde das Thema als eine der ersten in Europa von der Zeitschrift „RAUM UND ZEIT" publiziert und gründlich recherchiert. Ja, das Szenario klingt unglaublich. Man muss das Denken umstellen, wie David Icke unermüdlich seit 30 Jahren sagt, sonst ist man nicht imstande zu begreifen, was tatsächlich läuft. Aluminium innerhalb des Körpergewebes macht krank. Das ist nichts Neues. Auch nicht die Tatsache, dass übermäßig viel Aluminium im Gehirn von Demenz-Patienten gefunden wird. Aus dem Besteck aus dem letzten Krieg? Von der Aluminiumfolie aus dem Butterbrot? Vielleicht, wenn Sie die Folie mit dem Brot gegessen haben? Glaube ich aber nicht von Ihnen, oder? Woher haben diese Hirne so viel Aluminium angesammelt? In der Impfung, vielleicht, denn dort gibt es ganz offiziell – wenn man sich erkundigt, erfährt man das, eine gute Menge an Bakterien, Viren sowie Schwermetalle. Alles für das höchste Wohl der Menschheit.

Die folgende Beeinträchtigung bezieht sich auf körperliche Parasiten. Natürlich gehören Microorganismen zu unserem Leben. Anscheinend sind sie die ältesten Bewohner dieser Erde. Sie leisten einen wichtigen Beitrag zu unserer Gesundheit in Form von Mund-Nase, Darm- und Vaginal-Flora. Das Tückische bei Microorganismen ist, dass ihr Gleichgewicht sehr empfindlich ist: es ist unter anderem von der sauer – basisch Balance im Körper abhängig. Seltsamerweise sind Parasiten von der Medizin eher schwierig zu diagnostizieren außer Candida und ein paar Viren, obwohl sie eine so entscheidende Rolle spielen auf dem Grundzustand des Terrains. Wie immer gibt es unabhängige, mutige Forscherinnen: wie die Amerikanerin Hulda Clark mit ihrer Reinigungskur und ihr energetisches Gerät dem Zapper. Die russische Biochemikerin, Frau Tamara Lebedeva, die jahrelang verfolgt hat, wie ihre Familie durch Krebserkrankungen nach und nach dezimiert wurde, hat bewiesen, dass Krebs und Parasiten definitiv miteinander verbunden sind. Auch sie empfiehlt eine gründliche Reinigung des Organismus. Noch ein Wort zum Zusammenhang zwischen Candida, Zucker und psychischen Zuständen, wie sie bei hyperaktiven Kindern beobachtet wird. Es ist ersichtlich, dass Zucker manche Kinder chaotisch und aggressiv stimmen kann.

Die Welt der Microorganismen ist eine riesige Branche der Biochemie. Jedoch können wir vom Nützlichen auf vielfältige Weise profitieren durch die Anwendung von EM - effektiven Mikroorganismen.

Nun kommen wir zur Verwehrung der physischen Bewegungsfreiheit und des persönlichen Raums durch Strafentzug. Dazu gehören alle gewalttätigen Einschränkungen, die den individuellen Raum bedrohen von Staatsgewalt (Das Gewaltmonopol des Staates wäre ein Thema an und für sich!) zu Vergewaltigungen, Unfällen, und Katastrophen. Es gibt institutionelle Gewalt von Folter, Misshandlungen, Krieg, Lager und Gulag bis zur Todesstrafe. Was hier auf der Erde betrieben wird, ist teilweise sehr grausam. Die Barbarei kann und darf nicht so weitergehen. Es ist höchste Zeit auf ehrwürdige Weise mit den Menschen und dem Rest der Schöpfung umzugehen.

c) Selbstgewählte Herausforderungen

Lernen, mit der eigenen Lebenskraft umzugehen, ist eine lebenslange Aufgabe. Sie ist Teil des laufenden Selbsterkenntnisprozesses, der sich durch die verschiedenen Lebensphasen entfaltet.

Lange Zeit habe ich mich gefragt: „Sollte ich meinen Körper schonen und sanft mit ihm umgehen, oder soll ich ihn immer wieder zu seinen Grenzen führen und meinem Hang zur Disziplin und selbst-auferlegten Grenzüberschreitungen folgen? Bin ich zu hart, zu streng mit mir? Braucht dieser kleine Körper mehr Ruhe, Rücksicht und Weichheit? Lange Zeit bin ich hin und her geschwankt, bis ich meinen Organismus auf Lichtnahrung umgestellt habe. Für diese Umwandlung ist ein realistischer und sicherer Zugang zum Körper unentbehrlich. Das war für mich der Durchbruch, der mir die volle Verbindung zur Sprache des Körpers öffnete. Auch wenn ich schon Jahre zuvor mich von schweren Krankheiten bestens erholte, war ein Zögern im Umgang mit meinem Körper vorhanden. Mehr noch eine unterschwellige Angst, dass er unberechenbar reagieren würde oder dass aus einer kleinen Verletzung bald eine Gangräne oder eine tödliche Vergiftung ausbrechen würde.

Ich habe physiologische Kenntnisse aus meiner beruflichen Laufbahn als Krankenschwester, aus unterschiedlichen naturheilkundlichen Verfahren, aus meiner Lehrtätigkeit gesammelt, sowie viele unterschiedliche Erfahrungen mit meiner eigenen Physis und auch durch Patienten und Klienten. Trotz alledem ist mir lange ein vertrauensvoller Umgang mit meinem physischen Leib verwehrt geblieben. Obwohl ich immer wieder experimentierfreudig war, hatte ich große Angst „etwas kaputt zu machen" oder sogar zu sterben. Wie bei den meisten Menschen fehlte mir ein ausgewogenes Verhältnis aber auch Wissen über meine körperlichen Grenzen sowie Zuversicht in meine eigenen regenerativen und Heil-Kräfte. Erstens stammt diese Einstellung aus der Spaltung zwischen Körper und Seele, zweitens aus der Selbstentfremdung, drittens aus der Unsicherheit in der Kommunikation mit der eigenen Befindlichkeit und viertens aus meiner beruflichen Sicht des Körpers. Anstatt ihm zu vertrauen, wird man geschult, sich alles zu vergegenwärtigen, was „schief" gehen könnte. In sich ist es eine vernünftige Sache, so dass man vorbeugend und ernsthaft die Lage einschätzen kann. Nach dem Motto lieber an das Schlimmste denken, so dass man es vermeiden kann. Ich musste also lernen mit meinem Körper zu kommunizieren, ihm einen Vorschuss an Vertrauen zu schenken, seine Grenzen zu erkennen und zu respektieren und mit ihm, wie mit einer intelligenten Identität umzugehen. Dann wird er zu einem guten Freund, mit dem eine zuversichtliche Zusammenarbeit entsteht. Das sollten wir in der Schule lernen.

Ab dem Punkt, wo ich die Grenzen meines Körpers sinnvoll eruiert habe, merkte ich, dass er gut und schnell lernt und nie vergisst, was er verinnerlicht hat. Ganz deutlich verlangt er einen achtsamen Umgang und er gibt klare Rückmeldung. Was ich durch die Umstellung auf Lichtnahrung (siehe mein Buch „MEIN NEUES LEBEN MIT DER LICHTNAHRUNG") gelernt habe, ist, dass der physische Körper zusammen mit seinen feinstofflichen Schichten der Aura über erstaunliche Fähigkeiten verfügt sowie über Grenzen, die gerne immer wieder erweitert werden. Jedoch nur im Einklang mit seinen eigenen Rhythmen! Schlussendlich fand ich heraus, dass, je mehr Kraft gebraucht wird, umso mehr geliefert wird. Das kennen wir alle aus außerordentlichen Situationen, wo wir über übermenschliche Kräfte verfügen. Jedoch geht es hier eher um eine wachsende Steigerung der Kraft, dadurch, dass ich regelmäßige körperliche Übungen durchführe, die meinen allgemeinen Zustand und mein Immunsystem stärken. Um meine langjährige Frage zu beantworten: Nein, es geht nicht darum, sich zu schonen oder sanft mit sich umzugehen (außer wenn man krank ist oder wenn die Physis es aus irgendeinem Grund verlangt), sondern es geht darum, zusammen mit dem Körper am selben Strang zu ziehen. Manchmal wird es auch „Abhärtung", „Widerstandskräfte" genannt oder auch „sein Potential entfesseln".

Darüber hinaus gilt es die Grenzen kennenzulernen aber sie werden auch gerne immer wieder getestet. Positiver Stress, Ausdauertraining, die Freude die Limits zu überschreiten und die Kompetenzen zu erweitern verleiht einem ein aufbauendes Gefühl, stärkt das Selbstvertrauen, den Körper selbst, macht ihn gesunder, und auch glücklicher durch die Produktion von Glückshormonen. Die Bedingung liegt in der genauen Achtung der Körper-Sprache.

Es gibt auch eine Grenzüberschreitung der physischen Fähigkeiten, die süchtig darauf macht, Grenzen immer weiter zu steigern oder die Messlatte immer höher zu setzen. Dieses endlose Streben kennt selbst unter Umständen keine Grenzen bis zur Selbstzerstörung. Was in sich pathologisch wird mit verheerenden Folgen.

Im Gegensatz dazu machen Menschen die Erfahrung der sich immer einschränkenden Grenzen beispielweise während Krankheit, nach einem Unfall oder einem Eingriff und öfters im Alter, wenn die Kräfte schwinden. Diese Lebenslagen stellen eine besondere Herausforderung sowie eine gründliche Umwandlung der allgemeinen Selbstorganisation als auch der Selbsteinschätzung dar. Sogar in diesem Zusammenhang kann man Alternativen neu erforschen, zum Beispiel mit Augenübungen und Klopfmethoden (Roger J. Callahan)

37

4. ABGRENZUNG AUF DER GEFÜHLSEBENE

a) Die Natur der Emotionen
b) Manipulation und Vampirismus
c) Übungen zur emotionellen Abgrenzung
d) Gefühle als Schöpferkraft

a) Die Natur der Emotionen

Das Gefühlsmäßige ist ein großes Geschenk an die irdische Menschheit, wofür wir von anderen Anthropoiden aus dem All beneidet werden. Diese Gabe kommt uns manchmal als Hindernis oder Überforderung vor in einer Gesellschaft, wo Funktionieren und Einheitlichkeit das höchste Gebot darstellt. Aber auch auf dem spirituellen Pfad spielen Emotionen schöne Tricks, gerade wenn man einen heiligen Zustand oder eine stets engelhafte Contenance anpeilen will. Was machen wir mit dieser Masse an unberechenbaren, unbändigen Impulsen, die wir nicht verstehen, nicht annehmen und vor allem nicht kontrollieren können?

Wir werden ihre Natur untersuchen, ihre Mechanismen sowie ihre verborgenen Tendenzen eruieren, damit wir mit ihnen umgehen lernen und uns mit ihnen anfreunden können. Wir entdecken, dass sie angenommen werden wollen, weil sie ein wichtiger Teil von uns sind und weil sie ständig aus unserer Tiefe mit uns kommunizieren. Wir lernen sie zu integrieren, sie zu schätzen und sie als Verbündeter in unserem Alltag und auf unserem spirituellen Weg zu ehren.

Emotionen gehören zum Astralleib oder Emotionalkörper, zur Schicht der Aura, die dem Wasser-Element entspricht. Es sollte einem stillen Teich den silbernen Mond widerspiegeln oder dem ruhigen Fluss des Lebens ähneln. Aber gelegentlich verursacht es Überschwemmungen oder sprudelt wie ein rauschender Bergbach durch die Gegend. Auf den ersten Blick können gefühlsmäßige Anwandlungen den Eindruck verleihen, dass sie ein Hindernis auf dem geistigen Weg sind. Wir wollen spirituell und inkarniert sein und keinen Spagat zwischen Idealzustand, Unbeholfenheit und abgehoben sein erzwingen. Deshalb ist der Umgang mit Gefühlen eine Priorität auf dem Weg der Selbst-Erkenntnis.

Eine der Eigenschaften des Elements Wasser ist, dass es sehr veränderlich ist. Es gibt kein Leben ohne Wasser. Aber man kann im Wasser ertrinken, und es kann zerstörerisch sein und in sehr kurzer Zeit auf seinem Weg alles verwüsten. Wasser kommt in unterschiedlichen Aspekten vor von flüssigem Zustand bis zu Schnee, Eis, Dampf, Regen, Tau, Teich, Ozean, Fluss, intrazelluläres Fluidum und so weiter. Abhängig von unterschiedlichen Temperaturen nimmt auch Wasser verschiedene Gestalten an. Es passt sich an alle möglichen Formen an, abhängig vom Gefäß oder wo es fließt. Überall, wo es anwesend ist, schafft es Zusammenhalt und fördert das Zusammenkommen wie die Regentropfen auf der Fensterscheibe, die sich miteinander verbinden und allmählich eine kleine Rinne bilden. So fließen alle Flüsse in den Ozean. Das Hauptmerkmal von Wasser ist jedoch seine hohe Veränderungsfähigkeit: wie die Emotionen, die sich positiv, negativ gestalten und hin- und herschwanken in allen Variationen. Manchmal verschwindet das Wasser, wie Wassertropfen auf dem trockenen, verdursteten Sand, der die Flüssigkeit sofort aufnimmt, ähnlich flüchtigen Empfindungen, die wir kaum registrieren. Wie ein Gefühl, das wir erst im Nachhinein wieder aufschnappen als Bestätigung einer Intuition oder einer spontanen Eingebung, die uns dann einholt. Gefühle können auch wie Wasser klar oder trüb sein, oberflächlich oder tief. Denn Gefühle sind nicht nur ein Ergebnis, das aus dem emotionellen Magma brodelt, sondern sie transportieren auch feinere Botschaften, aus unserem Körper, aus der Empfindungswelt heraus. Ebenso können sie Träger von Informationen aus höheren Dimensionen sein.

Insofern wir uns die wechselhafte Qualität der Gefühle vergegenwärtigen, werden wir sie genau beobachten können, jedoch ohne uns von denen zu fest mitreißen zu lassen. Wir nehmen ihre Bedeutung und ihre Botschaft ernst. Wir handeln auf sinnvolle Art und Weise, vergleichbar mit der Beobachtung der Wetterlage: bei Regenwetter einen Regenmantel tragen, bei sonnigem Wetter ein leichtes Kleid uns so weiter. Wir gehen auf die Emotion ein, wir lassen uns von ihr berühren, ohne uns in ihr aufzulösen. Solange wir uns von Emotionen überwältigen lassen, scheint es, als ob die momentane Gefühlswallung sich zu ewigem Zustand verwandeln würde. Nein, negative sowie positive Empfindungen sind vergänglich. Da sie wiederum nicht so stabil und beständig sind, sollten sie auch mit Abstand betrachtet werden, wie ein Film, der uns über unsere Empfindungswelt unterrichtet und uns eine trächtige Botschaft mitteilt. Er liefert uns eine unmittelbare und öfters ungeschminkte Reaktion über uns selbst, über unseren Bezug zum Objekt und eventuell über das Objekt, mindestens aus unserer jetzigen Perspektive.

Auf der emotionellen Ebene ist es ersichtlich, dass eine Eingrenzung und eine Abgrenzung der Gefühlswallungen eine besondere Aufgabe darstellen. Jedoch würde ich eine Begrenzung der Emotionen nicht befürworten, denn sie beinhalten einen großen Teil unserer Lebendigkeit. Wie oben erwähnt wird die Menschheit für diese Besonderheit begehrt. Wir werden auch später sehen, wie notwendig es ist, sie für unsere Gesundheit zu transformieren und wie konsequent wir sie annehmen und integrieren müssen, um unseren psychischen Ausgleich aufrechtzuerhalten. Darin liegt eine Verantwortung mit kosmischer Tragweite.

Wir nehmen Emotionen wahr und ernst. Wir registrieren sie, fühlen und erleben sie. Jedoch grenzen wir uns von ihnen ab, mit der Absicht auch unsere anderen Fähigkeiten gelten zu lassen. Denn wir bestehen nicht nur aus emotionellen Fluktuationen. Das möchte ich unterstreichen, denn nachdem Gefühle Jahrzehnte lang keinen Platz hatten, scheint die Welt den Sinnen, den Empfindungen, den Sensationen verfallen zu sein. Zum Beispiel in einer Therapie werden sich eine Emotion nach der anderen folgen: die Gefühlslage wird vielleicht übermäßig betont. Die Arbeit besteht darin, das Muster aus der Gefühlsinformation heraus zu filtrieren. Es liegt nicht daran traumatische Erfahrungen zu glorifizieren. Sondern entscheidend ist, wie wir damit umgehen und die Weisheit, die wir für unseren Reifungsprozess herausholen. Das Allerwichtigste ist, dass wir unseren Empfindungsbogen erweitern und dadurch unser Mitgefühl, unsere Empathie und unser Einfühlungsvermögen so vertieft haben, dass wir mit allen Wesen in Resonanz treten können und diese Eigenschaften mit ihnen allumfassend und bedingungslos teilen können.

Nachdem wir den aktuellen Trend der Überbewertung von Gefühlen durchgenommen haben, widmen wir uns den Empfindungen, die wir nicht annehmen wollen, sondern verdrängen und unter dem Teppich verstecken. Verdrängung und Unterdrückung sind hilfreiche Mechanismen, die uns helfen „über dem Wasser" zu bleiben und unser Leben weiterzuführen. In diesem Fall werden die Eindrücke häufig in der Aura, genauer gesagt im Emotionalkörper „unter der Gürtellinie", das heißt auf der Höhe der Hüften, des Beckens und des Bauchs gelagert. Diese Strategien sind auf Dauer unhaltbar, da sie viel Energie verbrauchen, um den Vulkan ruhig zu stellen. Daraus können entweder chronische Müdigkeitszustände entstehen oder zum Kompensieren eine Art Überaktivität, die ständig und überall busy ist. Das ist keine richtige Beschäftigung, sondern eine nervöse Arbeitsbeschaffung um belanglose Dinge herum. Jedoch ist es zu erwarten, dass eine verdrängte Gefühlsregung früher oder später hochkommen will, um befreit, bereinigt und losgelassen zu werden. Weiteres Verdrängen mag uns kurz die Täuschung verleihen, dass es uns gelingt, die Sache unter „Kontrolle" zu halten. Sehr schnell aber wird die Hydra mit den sieben Köpfen aus der Mythologie uns zurückholen oder wir werden immer wieder mit derselben emotionellen Konstellation konfrontiert. Jede Warnung ist ein Zeichen, dass wir uns damit auseinandersetzen sollen und unter Umständen uns eventuell fachliche Hilfe holen wollen. Das ist unentbehrlich, denn Dauerverdrängung emotionaler Ballast kann zur Somatisierung, d.h. zu der Entstehung von Disharmonien und Krankheiten im physischen Körper führen.

Emotionen zwingen uns zur Ehrlichkeit erstmal uns selbst gegenüber, anderen und unserer eigenen Welt gegenüber. Wichtig gilt es die Gefühlswallung anzuschauen, sie zu benennen und sie anzunehmen. Es geht darum zuzugeben, dass ich diese Empfindung spüre: "Ich fühle jetzt eine riesige Wut im Bauch". Ich bin nicht Wut, sondern ich habe die Emotion „Wut" im Körperbereich „Bauch". Wunderbar, würde ich sagen, da ist viel Energie, womit vieles verändert werden kann! Denn wir wollen mit der Wut kommunizieren und sie befragen „Was will sie uns ganz konkret sagen?" Die unerwünschte Emotion enthält einen Impuls, der Bewegung (Motion) fördert und öfters auch Hinweise zur Lösung oder Handlungsweise. Zum Beispiel bei Wut könnten wir dynamischer werden, Dinge umsetzen und vieles verändern. Die integrierte und umgewandelte Ladung der Wut ist wunderbar, um die Wohnung zu putzen, in Ordnung zu bringen, das Mobiliar neu einzurichten, und ein paar Leuten anzukündigen, dass sich alles ab sofort ändert. Vor allem zeigen die Konfrontation und die Umwandlung der Gefühlsmasse, dass ich kein Opfer bin, sondern dass ich mein Schicksal anpacke und die

Verantwortung für mein Leben für mein höchstes Gut im Einklang mit dem Gemeinwohl übernehme.

Das ist die mächtige Transformationskraft der Emotionen. Im unteren Absatz c) biete ich verschiedene Techniken zu Selbst-Management.

Es gibt einen weiteren Umgang mit Gefühlen, nämlich sie zu ignorieren und „voll cool" zu sein. Es sieht ein wenig wie „blasé", überdrüssig, völlig langweilig, über den Dingen stehend, übersättigt, unbeeindruckt, „verschlossen" auf allen Ebenen, unberührt, gleichgültig, gefühllos, alles egal bis Scheißegal aus. Während der Pubertät, wo der Emotional-körper gewaltig umgestellt wird, ist es bekannt, dass sehr starke verwirrende Gefühlswallungen auftauchen, die tatsächlich für den jungen Menschen fast überwältigend sind. Gerade da soll man lernen, in die Gefühle hinein zu tauchen, mit ihnen zu schwimmen trotz dem starken Strom, und sogar ihm, wenn angebracht, entgegen zu schwimmen, den Kopf über Wasser zu halten, und trotz allem die Küste im Auge zu behalten und bei sich zu bleiben. In der Jugend wird die Empfindungsebene trainiert, um Verantwortung im Erwachsenenalter zu übernehmen. Wie können die reifen Jahre weise bewältigt werden, wenn der Umgang mit den früheren Lebenszyklen chaotisch, verdrängt war oder mit Schuld und Scham vollzogen wurde?

Ein positiver Umgang mit Emotionen ist nicht nur für die Resilienz förderlich, sondern für die Leidenschaft und die

Begeisterung dem Leben gegenüber, für die Großzügigkeit des Herzens, für den inneren Antrieb das Wesen (tliche) in uns zum Ausdruck zu bringen. Er ist auch unentbehrlich, um in Kontakt zu kommen mit unserer Intuition. Die Empfindungswelt ist die Sprache der Seele und des Unterbewusstseins sowie ein Spiegel unserer spirituellen Anwandlungen und der mystischen Dimensionen unseres Daseins.

Das alles wird nicht besonders gefördert durch die Einfallslosigkeit des alltäglichen Funktionierens. Lachen und Humor sind nicht nur gesund, sie besitzen auch eine energetisch transformative Macht.

b) Emotioneller Druck und Manipulation

Die emotionelle Ebene ist sehr anfällig für Übergriffe: von subtilen zu lebensbedrohlichen Szenarien, von Psychoterror zu einer Kultur der Angst im großen Stil bis die Sicherheit uns am Kragen packt und Freiheit, Spontaneität, Vertrauen und gegenseitige Solidarität erlöscht vor lauter Verdacht und Suspekten. Das riecht langsam nach Diktatur wie Anna Ahrendt deren Eigenschaften untersucht hat in „Origins of Totalitarism" aber auch in „Viva activa oder Vom Tätigen Leben".

Aber auch in intimen, familiären und in Freundschaftskreisen herrscht gerne ein gewisser Druck zur Anpassung oder zur Übereinstimmung mit dem Konsens. Häufig gilt eine unausgesprochene Übereinkunft, welche Rollen, wie und von wem übernommen werden sollten. Darüber hinaus werden etliche Erwartungen an die Mitmenschen projiziert, so dass das

Ganze auf eine mehr oder weniger faire und ausgewogene Art und Weise funktioniert. Manche Muster sind regelrecht pathologisch und werden vererbt oder energetisch weitergeleitet. Irgendwann kommt die Zeit, ungesunde Familiensysteme aufzudecken und zu heilen. Viele Menschen spüren die Notwendigkeit Familienstrukturen von überholten Denk- und Verhaltensweisen zu befreien.

Die Spielchen fangen im Kindergarten an, setzen sich fort im Berufsleben, beim Sport, im Militär, bei den Schönheitsrivalinnen, in der Politik, und in manchen Fällen bis auf das Sterbebett, um dem Testament eine letzte Korrektur noch hinzufügen zugunsten von…? Konformität, Uniformität, die selbstverständliche Erwartung, dass andere da sind, um meine Wünsche zu erfüllen. Und wenn sie das nicht tun, wird emotioneller Druck ausgeübt, bis sie in die Knie gezwungen werden.

Peer Druck ist ein soziologisch klar definierter Begriff: in der Pubertät ist der junge Mensch für die Rückmeldungen seines gleichaltrigen Umfelds sehr empfänglich. Abhängig von seiner bis jetzt erworbenen inneren Stabilität, Selbstsicherheit und Selbstbehauptung reagiert sie / er unterschiedlich auf die Einflüsse und Beeinflussung des dort gültigen Verhaltenskodex. Die Machtspiele mit den Dominanz- und Unterwerfungs-Mustern haben zwar schon viel früher angefangen – zusammen mit den Geschwistern und im Kindergarten – jedoch bei jungen Menschen bilden sich gerade prägende Muster, die das Berufsleben und die Partnerbeziehungen tiefgreifend definieren. Die Formatierung fürs Leben und für die Arbeitswelt finden statt mit gravierenden Folgen: Alphatier oder Mobbing-Opfer, Arbeitsdruck, bis die Zitrone völlig ausgepresst und ausgebrannt ist.

Psychologie, die sich um die Psyche sorgen sollte, wird missbraucht, um menschliches Verhalten vorhersehbar zu machen und es erst recht zu manipulieren, angeblich um der Menschheit Ware zu verkaufen. Von Vermarktungsstrategie bis zur psychologischen Kriegsführung werden manche Schäden angerichtet. Da werden viele Beeinflussungsmethoden entwickelt bis zu moralischen Folter-Techniken. Im extremen Fall und auf subtile oder sadistische Art und Weise werden die menschlichen Grenzen des Respekts und der Grundaufrichtigkeit besudelt. Angst, Einschüchterung, emotionelle Erpressung, das Rückgrat und der Wille des anderen Menschen werden gebrochen. Verachtung und Erniedrigung werden für gerechtfertigt gehalten, weil er dem Feindbild entspreche. Diese Einstellung kann niemals gelten in einer zivilisierten Welt. Niemals. Auch wenn ein Strafverfahren eingeleitet werden muss, soll der Umgang mit dem Menschen menschenwürdig sein und bleiben. Sonst werden nicht nur Grundrechte verletzt, sondern Schaden an die menschliche Integrität werden verübt.

Interdependenz bedeutet miteinander auf ergänzender Gegenseitigkeit verbunden zu sein. Das heiß aufeinander abgestimmt und gleichwertig angewiesen zu handeln. Der Gleichwert unterstreicht den Unterschied der Abhängigkeit.

Unterschied, wenn wir von „sich einander brauchen" sprechen. Ja, wir brauchen einander, aus dem einfachen Grund, dass jeder Mensch nur einen Teil des Puzzles vertritt. Und jeder Teil ist wohl anders aber genauso wichtig und wesentlich wie der andere. Wiederum ist die Basis der Solidarität, des „füreinander da sein" geschaffen.

Der Begriff der Beeinflussung ist öfters negativ belegt. Würden wir aber unseren wirklichen Platz im Universum annehmen mit der Verantwortung, die dazu gehört, würden wir einsehen, dass wir alle ständig aufeinander einwirken. Durch eben diese organische Verbundenheit, der wir nicht entrinnen können, auch wenn wir hilflos in unserem Kämmerchen an unserer Verzweiflung festhalten.

Ich erinnere mich wie eine Seminarteilnehmerin, die mit dieser energetischen Wahrheit plötzlich konfrontiert wurde, mich mit einem erschrockenen Blick anstarrte: „Dann springt ständig meine Energie hinüber zu meinem Gegenüber und seine / ihre Schwingung strahlt in mein Feld zurück. Kann man das stoppen?" War ihre Frage. Eigentlich nicht, denn der Energie-Austausch im Universum ist Sinn und Zweck des Lebens. Entscheidend ist es, uns bewusst zu machen und zu wählen, was für Energie wir aufnehmen und abgeben wollen. Dazu gehören die Aufgabe und das Gewahrsein, zu bestimmen, welche Frequenzen in unserem Energiefeld wir pflegen wollen: welche Grundstimmung schenken wir der Welt? Darüber hinaus gilt es, zu definieren, was wir in unser Feld einladen und aufnehmen und was wir heraus filtrieren wollen. Das Gesetz der Resonanz weiß, was gleichschwingend ist und was außerhalb bleibt. Auf diese Weise ist die energetische Abgrenzung mit dem Emotionalkörper, das heißt mit unser Gefühlswelt, verbunden.

Es gibt eine gängige Annahme, dass eine Art „lieb sein" von uns erwartet wird: eine „Verkleinerung", die falscherweise mit Bescheidenheit und Demut gleichgestellt wird. Man kann nicht „nein" sagen oder man darf es nicht, so lauten die Glaubensätze. Man muss sich alles gefallen lassen, nach dem Motto "Was kann ich tun?", „Man hat keine Wahl." Unterschwellig fühlt man sich ein wenig verunsichert, ausgeliefert und minderwertig. Dies drückt sich nicht nur auf den Selbstwert aus, sondern auch in der Struktur des physischen Körpers, an den Gesichtszügen, sogar in der Beschaffenheit des Gewebes. Denn unsere Empfindungen prägen unsere körperliche Befindlichkeit, unser Aussehen, unsere Handlungen und sogar unsere Veranlagung zu Krankheiten.

Die Unfähigkeit sich selbst anzunehmen, wie man jetzt ist, zwingt einen die Anerkennung und die Zuneigung von außen zu suchen auf eine übermäßige Art und Weise, die bis zur Abhängigkeit führen kann. „Ich bin nichts ohne dich" „Ich kann ohne dich nicht leben": das sind nicht nur Sprüche aus sog. Liebesliedern, sondern sie entsprechen dem emotionellen Erleben von Menschen, die nach anderen Menschen süchtig sind. Erstmals hat es, mit einer verzerrten Auffassung von Liebe zu tun, die unausgewogen mit Liebe geben und Liebe empfangen belegt ist. Manko ist die Treibkraft: Anstatt eine gesunde Selbstachtung zu pflegen, die Menschen anzieht, mit denen ein Geben und Nehmen auf gleicher Augenhöhe selbstverständlich ist, rutscht man schnell in minderwertige Verhaltensweisen, die auf Abhängigkeit und Co-Abhängigkeit gegründet sind. Co-Abhängigkeit insbesondere entwickelt sich aus der Abhängigkeit von jemandem, der selbst einer Suchtthematik verfallen ist – entweder auf Substanzen oder in einer bestimmten Handlungsweise wie Spielsucht. In dieser Art von Konstellation gibt man dem Partner zu viel, von dem, was man sich an erster Stelle schenken sollte: Selbstachtung und Selbstliebe.

Folgende Faktoren wie schwammige Aura-Konturen, verwirrte Emotionen, Angst, Selbstablehnung, die Vernachlässigung der eigenen Limits, bis man nicht mehr weiß, was angenehm ist und nicht oder was für einen stimmt oder nicht, können Vampire-ähnliche Energien anziehen, die sich von negativen Energien nähren. Die Tatsache, dass sie nicht selten einen guten Eindruck machen oder besonders attraktiv aussehen, kann irreführend sein. Hinter der Fassade steckt ein Hang zu Manipulation sowie zerstörerische und zermürbende Verhaltensweisen.

Die Mehrheit der Menschen, die Energie rauben, sind nicht unbedingt von bösen Absichten motiviert. Zumindest auf der bewussten Ebene. Jedoch hinterlassen sie einen müde, ausgelaugt, verwirrt, unklar bis zum Punkt, wo man nicht mehr weiß, wer man genau ist oder was man will. Dafür fühlen sie sich prächtig und sie werden es auch mitteilen: „Ach jetzt fühle ich mich wunderbar! Tschüß".

Hier möchte ich erläutern, was vor sich geht bei Vampirismus. Ab und zu verwandeln wir uns in kleine Vampire: wenn wir selbst müde, krank, unerfüllt sind oder wenn wir nie alleine sein können und immer Leute um uns herum brauchen, nicht nur gute Freunde, sondern irgendjemanden. Hauptsache eine Energie-Quelle ist vorhanden. Aber auch wenn wir sehr anhänglich sind oder immer kuscheln wollen. Je kleiner wir uns machen, umso mehr müssen wir kompensieren und den Ausgleich außen suchen. Energieausgleich ist nämlich die natürlichste Sache der Welt. Die Natur strebt ständig nach Gleichgewicht: wo es zu viel gibt, wird Kraft abgegeben an die Stelle, wo Mangel herrscht. Um die Waage im Gleichgewicht zu halten, wird der Energie-Austausch ausbalanciert. Der Kranke holt sich die Energie, der Gesunde schenkt sie gerne ab in seinem Beruf zusammen mit seiner Kompetenz aber auch energetisch. In diesem Fall geht es nicht um Vampirismus, denn es ermöglicht einen gesunden und gerechten Energiefluss, der auf Geben und Nehmen sowie auf ein implizites Einvernehmen beruht. Problematisch sind die Mengen und auch die Häufigkeit. Jemand, der dazu neigt, auf die Energien anderer Menschen süchtig zu sein, wird sie „benutzen" und unersättlich sein. Diese Person wird manchmal selbst energetisch ausgesaugt: unbewusst steht sie in Resonanz mit nicht inkarnierten Entitäten. Das sind die seelischen Parasiten.

Mangelnde Selbstachtung, ein Hang zu verzerrten Handlungen und Beziehungen, selbst zerstörerischen Gewohnheiten sowie Abhängigkeiten aller Art ziehen wiederum das Ungesunde und Unausgeglichene an. Schuld und Scham verwehren das Ehren der gegebenen, natürlichen Selbstachtung. Diese dient nicht nur dem Überleben, sondern der Lebensart, wie wir das Leben leben und lieben, das wir geschenkt bekommen haben. Das größte Geschenk, das wir je bekommen können, das Einzige, was wir sind und haben: das Leben selbst wird verachtet. Und somit ziehen wir die menschliche Frequenz stets nach unten, anstatt sie zu erhöhen. Sich klein zu machen zwingt energetisch das Gegenüber entweder dasselbe zu tun oder zu kompensieren, indem es sich mit dem Ego umso mehr aufbauscht.

Dieses Verhalten ruht z. B. im Kern des Mobbings. Unterschwellig „zwingt" der Gemobbte das Gegenüber, sich wie ein „Bully" zu verhalten. Selbstverständlich benötigen Mobbing-Opfer Hilfe und Gerechtigkeit, jedoch brauchen sie auch Einsichten in ihre unbewussten Mechanismen. Haben sie nicht begriffen, dass sie selbst durch ihre Unterwürfigkeit die Situation hervorrufen, werden sie unwillkürlich das nächste Mobbing-Spiel im Gang setzen. Der Mechanismus setzt ein unbewusstes selbst-erzeugendes Muster in die Gänge. Es wird dabei jedoch völlig das Ergebnis übersehen, sprich die Reaktionen der Mitmenschen. Das soll keineswegs die „Bullies" entschuldigen. Aber beide Rollen ergänzen sich und können sich an verschiedenen Orten, mit beliebigen Leuten und Umgebungen wiederholen. Deshalb ist es äußerst wichtig zu verstehen, welche Mechanismen sich hinter diesem Verhalten verbergen. Durchgängig ist das Bedürfnis geliebt und angenommen zu werden. Die Erwartung wird fälschlicherweise nach außen und an andere gestellt. Was nicht funktionieren kann, wenn die Selbstakzeptanz im Inneren nicht vorhanden ist. Und dies aus dem einfachen Grund, dass es keine Resonanz geben kann. Am Boden kriechen macht nicht liebenswert. Im Gegenteil, Erniedrigung ist eine Negierung des göttlichen Funkens im Inneren. Außerdem sind wir nicht hier, um allen zu gefallen. Das kann man nicht erwarten, denn wir haben sehr unterschiedliche Resonanzspektren mit unseren Mitmenschen. Jedes Wesen ist einzigartig. Respekt und Achtung gilt ausnahmslos für alle nicht nur als Grundrecht, sondern auch aus dem Mitgefühl heraus. Affinitäten mit bestimmten Menschen sind die Geschenke der Freundschaft, der erfüllenden Zusammenarbeit, der Liebe, wofür wir unendlich dankbar sein sollten. Auch von Menschen, mit denen wir Auseinandersetzungen erleben, entdecken wir viel über uns und das menschliche Dasein. Auch denen dürfen wir fairerweise unseren Dank bürgen.

Entscheiden wir uns, Gleichgewicht zu schaffen indem wir Selbstrespekt pflegen, steigern wir die Schwingung unseres Wohlergehens sowie das Wohlwollen unseren Mitmenschen gegenüber. Das Leben nimmt seinen wahren Glanz wieder an. Und die Aura strahlt in die Welt hinaus.

c) Self-management der emotionellen Abgrenzung:

Angst vor den eigenen Emotionen hemmt den Ausdruck des Selbst. Eher benötigen wir zu erkennen, dass sie uns gehören und dass wir sie selbst erschaffen haben. Sie sind da als Rückmeldung, als Wegweiser, als Bereicherung auf unserem Lebensweg. Nehmen wir sie an, können sie als Verbündeter fungieren und uns bei unserer seelischen Entwicklung begleiten und vieles mehr, wovon wir später noch erfahren werden.

Ja, die Entdeckung des inneren Abgrundes kann ernüchternd sein. Wenn wir unsere Wut, unsere Hilflosigkeit, unseren Selbsthass und weitere negative Gefühle aufdecken, kann es eine Überraschung für die Persönlichkeit sein. Sie hat sich ein „gutes" Selbstbild aufgebaut. Auch bei mangelnder Selbstachtung wird sie nach außen eine angepasste, funktionierende Erscheinung präsentieren. Jeder denkt sich als „Gutmensch", sonst könnte man nicht mit sich weiterleben. Im Alltag ist es vollkommen in Ordnung. Aber es gibt Momente der Wahrheit. Vielleicht beim Einschlafen, wo man den Tag Revue passieren lässt. Vielleicht in einer kleinen Lebenskrise oder an einem Morgen, wenn man sich im Spiegel nicht anschauen kann. Ein Tag, wo man sich wahrhaftig begegnet, vielleicht für einen Augenblick, bevor man schnell wegguckt. Das Wegschauen will das Unangenehme vermeiden, das, was wir an uns ablehnen, verdrängen und vielleicht versuchen zu vermeiden. Schade. Denn Einiges, was wir nicht konfrontieren wollen, könnte sich, als ein selbst gebasteltes Monster entpuppen. Es könnte uns sogar befreien oder von einer

Unterjochung entfesseln. Dann fängt im besten Fall eine gewisse Arbeit (an sich) an. Jedoch gilt es, sich nicht in das selbstgemachte Monster zu verlieben oder sich damit zu identifizieren. Nein, dafür sind wir zu wertvoll. Ja, anschauen, erforschen aber auch bitte weiterfahren, denn der Mensch besteht aus so viel mehr als nur aus destruktiven Tendenzen. Die Letzteren wollen umgewandelt werden, damit die Negativität von Licht überströmt wird und sie selbst zu Licht und Lebenskraft wird. Negativität ist Ur-Energie, die gestaut und verzerrt worden ist. Sie will wieder in Fluss gesetzt werden, wieder lebendig werden. Zuerst aber ist die Konfrontation mit der Blockade notwendig. Während der Transformation fangen wir – im Unterbewusstsein – beim großen Entrümpeln im Keller an – so können wir am besten zur Dachterrasse – im Überbewusstsein – mit der wunderschönen Aussicht unter den Sternen gelangen.

Auf jeden Fall ist eine gute Menge an Humor angebracht. Über sich selbst lächeln oder lachen können, wirkt befreiend und transformierend. Humor besitzt eine strahlende olivgrüne Farbe: sie macht alles geschmeidiger, wie das Olivenöl im Verdauungstrakt. Sie bringt die Galle zum Fließen und reinigt alles auf dem Weg, so dass wir ausscheiden können, was uns an Gewohnheiten, Selbstbildern und Weltanschauungen nicht mehr dient. Humor verleiht Tod-ernsten Themen ein bisschen Leichtigkeit, Abstand und Aufatmen, damit wir uns besser von der eigenen emotionellen Wucht abgrenzen. Übrigens, die Negativität mag Lachen und Humor, Leichtigkeit und Lebensfreude überhaupt nicht. Sie flüchtet dann weg, weil sie dadurch keine Nahrung bekommt. Was sich von verzerrten Emotionen ernährt, wird sich dann auf Dauer auflösen, wenn keine Resonanz zwischen einem und dem negativen Pappmonster mehr besteht. Negativität auf Futterentzug: das wäre mal ein Weltänderungsprogramm, nicht wahr?

Eine wichtige erste Erkenntnis: Wir sind nicht allein mit dem brodelnden Sumpf. Alle Menschen haben zu tun mit ihren Emotionen. Da wir nicht in der Schule lernen, wie wir damit umgehen können, kämpfen wir mehr oder weniger erfolgreich damit unser Leben lang, manchmal sogar bis zum Krankwerden. Sobald wir diese erste Erkenntnis lesen, kann es sein, dass wir lächeln oder sogar befreit lachen. Das menschliche Juwel ist tief in den alten Manteln umgewickelt und versteckt. Hier entfernen wir eine Schicht nach der anderen, bis wir zur Essenz kommen. Es mag sein, dass diese Erkenntnis uns keinen Trost spendet. Und dennoch macht sie uns mit unserer negativen Emotionalität, nicht schlechter und nicht besser als die anderen. Da gibt es schon eine Entspannung, und das Herz öffnet sich mit Mitgefühl für uns und für die anderen. Atmen wir richtig durch mit offenem Fenster und einem lauten Ausatmen, das wir so lang hinziehen wie möglich.

Jetzt ist schon weniger Ladung im Emotionalkörper dafür aber eine Entspannung im physischen Körper. Eine gute Voraussetzung für den zweiten Schritt: Abstand gewinnen.

Ein wesentlicher Teil der Abgrenzungsthematik hat mit Raum und ebenso mit dem feinstofflichen Begriff der Räumlichkeit zu tun, aber auch mit der Zeit. Ich werde nun diese Betrachtungsweise nach und nach und anhand von Beispielen erläutern.

Wenn wir uns zeitlich überrumpelt fühlen, können wir einen zeitlichen Puffer einlegen, dass wir uns die Zeit nehmen, zum Hineinfühlen und zum Überlegen. Am Anfang der Umwandlung kann es förderlich sein, ein paar Redewendungen auszuwählen, die wir gleich parat halten. Betrachten wir uns beispielweise folgende Fragen oder Konstellationen aus dem Alltag: sie erwischen uns unvorbereitet und setzen uns unter Druck, eine Entscheidung sofort zu treffen.

- „Sie kommen, wann Sie wollen, morgen oder übermorgen?" (Pause einlegen, hinein spüren: Will ich überhaupt dahin?)
- „Leihst Du mir 200 oder 250 Euro fürs Wochenende aus?" (Pause einlegen: Will ich / Kann ich überhaupt Geld ausleihen?)
- „Sie machen das, wie Sie wollen, Sie können aber auch jetzt unterschreiben, dann ist das erledigt". (Vor Unterschriften, sich informieren, abwägen, zwischen den Zeilen lesen, keine Angst haben „dumme Fragen" zu stellen und „umständlich oder unbeliebt zu sein".)
- „Das geht nicht anders, das muss man so machen." Das stimmt nicht. Sehr viele Dinge gehen tatsächlich auch anders als sie uns untergejubelt wollen! Proaktiv werden und selbstbestimmt. Auch die Bereitschaft mitbringen, auf die Sache gänzlich zu verzichten, wenn

die Situation den eigenen Erwartungen nicht entspricht. Sich querstellen, wenn nötig.

Gerade weil wir nie gelernt haben, wirklich bei uns zu sein und zu bleiben, lassen wir uns an der Nase herumführen und meinen noch dazu, es ginge nicht anders und sei halt so. Nicht bei sich sein, nicht präsent im Körper zu sein bedeutet unmittelbar, dass wir nicht zentriert sind. Unsere Aura ist zu offen und das Gewahrsein ist gänzlich beim anderen, anstatt im eigenen Raum zu sein. Dadurch übernehmen wir ungefiltert, was der / die andere will und was für ihn / sie vorteilhaft ist. Die Frage lautet: Ist es auch in meinem Sinne? Ist es für mich auch stimmig?

Hiermit möchte ich betonen, dass Manipulation im Großen sowie im Kleinen Stil, in der Privatsphäre sowie auf planetarischer Ebene geschieht, weil wir sie unbewusst zulassen. Themen wie Angst, Manipulation, Machtmissbrauch finden statt, weil wir deren Mechanismen nicht durchschauen und nicht verstehen. Die Folge davon ist, dass wir die Spiele mitspielen, dass wir Opfer davon werden und dass wir diese Spiele selbst auch ausüben. Durchschauen wir das Spiel, sind wir imstande unsere Macht und Kraft wieder zu übernehmen. Dies verlangt die Bereitschaft das eigene Benehmen ehrlich unter die Lupe zu nehmen und achtsam zu verändern. Schritt für Schritt, denn es sind uralte Muster, die schon ewig auf dem Planeten Erde gespielt werden.

Zurück zu unseren praktischen Beispielen. Wir wollen zuerst präsent sein, dafür spüren wir am besten unsere Füße auf dem

Boden oder dem Sitz unter dem Gesäß. Wir sind bei uns und merken unsere Empfindungen. Fließen wir mit der Situation oder haben wir das Gefühl, es wird uns zu eng oder irgendwie mulmig? Manchmal sind wir in der Selbstbeobachtung so ungeübt, dass wir nicht wissen, was wir spüren. Der Alarm läutet. Gerade da ist es dringend, sich Zeit und Raum zu nehmen, um hinein zu spüren. Dafür schlage ich folgende Redewendungen vor:

- „Ich möchte es mir überlegen"
- „Ich melde mich bei Ihnen"
- „Ich rufe dich in zwei Tagen zurück"
- „Ich habe momentan andere Aufgaben bzw Prioritäten."
- „Ich möchte hineinspüren, abwägen, mich erkundigen."
- „Ich will schauen, wann es auch für mich passt."
- „Ich brauche Zeit."
- „Wir reden später darüber."

Natürlich verwenden wir die für uns geeignete Formel. Am besten benutzen wir eigene Worte oder sogar Dialekt, wenn erwünscht. Das ist ja unser persönliches Anliegen und wir wollen präzise sein. Wir wählen ein paar von diesen Sprüchen und haben sie parat für die unerwarteten Situationen, bevor wir uns unter Druck setzen lassen. Gleich können wir besser atmen und wir nehmen uns Zeit. Danach können wir unseren Fokus auf das „Gefühlsmäßige" lenken: wie fühlt sich der Vorschlag rein intuitiv an im Bauch, im Solarplexus, im Herzen, in der Aura oder wo die Rückmeldung bei uns am deutlichsten ist. Ein warmes, nährendes oder ein erweitertes Gefühl deutet man als stimmig, einladend. Hingegen ist ein enger Eindruck, eine Leere, ein Druck, Angst oder Unbehagen ordnet man ein als einen Mangel an Resonanz, als nicht förderlich oder nicht sinnvoll. Danach kommt die mentale Verarbeitung, die wir im Kapitel 5 „Abgrenzung in der Gedankenwelt" beschreiben.

Natürlich benötigen wir kein Protokoll, um zu entscheiden, ob wir Tee oder Kaffee trinken wollen! Aber wenn wir mit einem schlichten Beispiel anfangen wollen, um unsere energetische Reaktion kennen zu lernen, wählen wir eine Thematik ohne schwerwiegende Konsequenzen.

Es geht darum, in die eigene Selbstbestimmung zu kommen und über den eigenen Gefühlsraum (emotionelle Dimension) zu verfügen. Mit der Zeit werden wir imstande sein, den Entschluss sofort zu treffen durch die unmittelbare energetische Rückmeldung, die uns eigen ist. Es lohnt sich, diese Übung im Umfeld durchzusetzen, auch, wenn manche irritiert sind. Vielleicht spüren sie, wie die Macht über den anderen Mitmenschen ihnen entgleitet und meinen „ganz einfach und vernünftig" die Entscheidung für uns fassen zu müssen. In einer solchen Situation bleiben wir bei unseren Vorhaben und nehmen Abstand dadurch, dass wir uns zurückziehen, uns Ruhe in Sicherheit gönnen an einem Ort, wo wir unsere Kraft und Macht zurückerobern.

In der Tat wollen wir uns nicht nur den zeitlichen Abstand gönnen, sondern nach Bedarf auch mit den Räumlichkeiten. Gerade um der Überschreitung der eigenen Grenzen entgegenzuwirken, nehmen wir uns die Freiheit, nicht nur Abstand zu schaffen, sondern auch um diesen persönlichen Bereich wieder zu übernehmen. Und es kann sein, dass wir dadurch Rückzug oder sogar eine Pause in dem Verhältnis zum anderen benötigen. Es ist wichtig, diese Tatsache zu erkennen und das Gegenüber zu informieren. Wobei wir uns nicht rechtfertigen müssen: es reicht zu sagen, dass wir eine bestimmte Zeit brauchen und dass wir uns melden, wenn die Entscheidung getroffen ist. Dieser Raum ist die Erweiterung unserer Aura. Sie fungiert als Schnittstelle zwischen der inneren und äußerlichen Welt. Sie ist unser Schutzmantel im Zeit – Raum Gefüge unser Individualität. Ihre Ränder sollen sauber, glatt, aber geschmeidig sein. Es ist sinnvoll zu lernen, sie zu pflegen genauso wie wir unseren physischen Körper regelmäßig säubern. Im Rahmen einer Aura Lesung und einer Aura Reinigung kann man sich persönlich im Einklang mit den gegenwärtigen Bedürfnissen beraten lassen.

Unsere Hände können wir mit der entsprechenden Absicht einsetzen, um unseren Raum abzugrenzen. Auch nachträglich ist es nützlich im geschützten Umfeld sich vorzustellen, wie wir eine Hand mit ausgestreckter Fläche in Richtung der übergriffigen Person ausrichten und somit ihre Energie oder ihre Aussagen auf Distanz halten. Stets ist dabei der Fokus auf unsere Zentriertheit und auf die Bewegung unserer Hand nach außen zu richten. Damit schieben wir etwas weg, was wir nicht in unserem Feld haben wollen. Wobei wir den Arm in dieser „Stopp" Position ruhig, aber bestimmt ausstrecken. Zusätzlich ist es möglich eine Affirmation auf einen entschlossenen Ton zu wiederholen, zum Beispiel:

„Nur bis da und nicht weiter"

„Meine Grenzen sind sicher und gesund"

„Meine Grenzen werden immer und von allen respektiert"

„Ich bestimmte meine eigenen Limits"

„Ich bin offen und freundlich mit gesunden Grenzen"

Wie immer wählen wie den geeigneten Spruch und passen ihn nach Bedarf an. So können wir stimmig reagieren und die Verantwortung für den Umgang mit unseren Emotionen übernehmen.

Ebenso mit unseren Händen können wir von oben nach unten unseren Körper von unerwünschten Einflüssen abstreifen. Zum Schluss werden die Hände Richtung Erde abgeschüttelt. Wir können auch bestimmte emotionelle Ladungen abwerfen, die bestimmte Körperstellen belagern. Beispielweise eine unerwünschte Berührung. Mit der Hand packen wir die eingreifende Gefühlsballung und werfen sie in die Erde, wo sie umgewandelt wird. Mit dieser Maßnahme können wir uns natürlich von eigenen negativen Empfindungen befreien: zum Beispiel von der Wut im Bauch, von der Sprachlosigkeit in der Kehle und so weiter. Wobei ich unterstreiche, dass die Methoden, auch wenn sie unmittelbar hilfreich sein können, keineswegs ein Ersatz für tiefgründige, therapeutische Arbeit sind. Der zweite Punkt betrifft den Umgang mit ungewollten Energien. Öfters ist sie nicht unbedingt negativ aber wir brauchen sie momentan in unserem Feld nicht. Das muss man klarstellen. Wie beim materiellen Müll tragen wir auch die Verantwortung, wie wir sie entsorgen. Auch schicken wir keine schlechte Energie zurück an die Person, sondern wir sind klüger und vor allem bewusster, was die ethische Tragweite von Emotionen, Gedanken und Handlungen betrifft. Die destruktive Gefühlswallung wird an die Erde abgegeben. Das ist eine konkrete Weise, sich gleichzeitig zu erden und sich durch die Liebe von Mutter Erde umhüllt zu fühlen. Denn gerade auf dem Planeten Erde besteht die Herausforderung die wahre Liebe auszuleben: die Liebe zur wahren Essenz im Inneren und in anderen Menschen. Hier bitte keine Gefühlsduselei: nein, Gaia wird sich nicht schlecht fühlen wegen unserem Hass, unserer Hilflosigkeit, unserer Dummheit. Sie hat sich schon längst daran gewöhnt! Was sie aber gar nicht mag sind Chemtrails, Atombomben, allerlei Strahlungswellen, die sie und alle Wesen darauf wie ein Ofen umwandeln (Haarp, 5G und weitere elektronische Kriegsausrüstungen). Gier im großen Stil, Zerstörungswut, Unterdrückung des Bewusstseins der Menschheit und so weiter: das sind eher die Dinge, die sie und andere Planeten stören.

Zusätzlich würde ich gerne eine effiziente Übung vorschlagen, um die Aura zu stärken und zu klären, sowohl von eigenem angesammelten Mühl wie von fremden Emotionen. Unsere Aura ist unser Schutzmantel. Wenn der Mantel zu dünn ist, nicht mehr sauber und wenn noch ein paar alte Verletzungen oder ungelöste Themen in den Taschen stecken, ist die Schutzfunktion nicht optimal. Stellen wir uns vor, dass wir den Mantel ausziehen und richtig schütteln. Ein frischer Wind weht durch das Gewebe. Die Farben werden regeneriert. Noch einmal richtig schütteln: jetzt wird der Stoff erneuert und der Schnitt aktueller gestaltet. Beide sind jetzt an unsere gegenwärtigen Bedürfnisse angepasst. Den neuen Mantel ziehen wir jetzt an und können noch adjustieren, so dass er jetzt wirklich seine Aufgabe erfüllt. Nehmen wir uns die Zeit, diesen ganz individuellen Schutz zu erspüren: der Stoff ist atmungsfähig jedoch bietet er die richtige Abwehr, und zwar nach Maß geschnitten. Spüren wir die Dankbarkeit dafür und das wohle Gefühl, dass sich verbreitet, wenn man sich in Sicherheit geborgen fühlt. Im Sommer können wir uns ein leichtes Kleid aus besonderen Schutzfasern anfertigen lassen: aus Seide, Hanf oder Baumwolle. Leinen hat auch eine gute Schwingung oder wir machen unsere persönliche Gewebe-Mischung. Naturfasern sind traditionell dafür bekannt, einen energetischen Schutz zu leisten. Ausgearbeitete Techniken der Aura-Pflege werden in der Auratherapie unterrichtet. Siehe mein Buch: „AURATHERAPIE FÜR ÄRZTE, THERAPEUTEN UND INTERESSIERTE LAIEN – LEHRBUCH UND PRAXISBUCH".

Jetzt wollen wir die veränderliche Eigenschaft von Emotionen und Unterscheidungsfähigkeit sinnvoll integrieren. Wir als ewige Seelen stehen über emotionellen Wandlungen: die Seele ist unzerstörbar und unendlich, die Empfindungen schwanken, kommen und gehen. Auch wenn sie uns die Illusion verleihen, uns zu überschwemmen, wissen wir, dass die Welle wieder wegzieht. Und jetzt atmen wir aus in einem langen befreienden Atemzug. Und nochmals. Das ist eine gute Vorbereitung, um Meister der Emotion zu werden in dieser Übung. Jede / jeder wählt für sich eine aktuelle Herausforderung. Zuerst wollen wir die Emotion benennen: geht es um Angst, Wut, Aggression, Hilflosigkeit? Wir geben dieser Gefühlswallung einen Namen. Die Benennung schafft einen Abstand. Gleichzeitig ist sie die Garantie, dass wir nun imstande sind, diese Sinneseindrücke zu steuern. Zurück zum Wasser-Zustand: wir vergleichen die Emotion mit einem Eisblock, mit kochendem Wasser, mit einem gefährlichen Frühlingsbergbach, mit brodelndem See, mit einer aufsteigenden Überschwemmung.... STOPP: wir haben eine Tastatur, womit wir den Wasserfluss eindämmen. Er steigt jetzt nicht mehr und wir fangen an, mit dem Wasser-Element zu arbeiten. Wir übernehmen die Kraft und die Verantwortung für den Wasser-Zustand. Er hat nichts zu tun mit wem auch immer. Das ist eine Tatsache. Die heiße, isländische, sprudelnde Quelle (ganz viel Wut!), der gestaute Weiher mit übelriechendem stehendem Wasser (Depression und Lethargie), der Eisblock (andauernde Gefühlskälte bis zur Gefühlslosigkeit), ehrlich und entschieden betrachtet bitte jetzt jede / jeder ihre / seine besondere Gefühlsübertragung in dem geeigneten Wasser-Zustand. Wunderbar, wir gratulieren einander! Dadurch übernehmen wir wieder unsere Kraft, anstatt uns schwach und ausgeliefert zu verhalten. Diese Wasserlandschaften gehören uns ganz persönlich, sowie die Gefühlswallungen, die sie widerspiegeln. Unmittelbar haben wir wichtige Einsichten über uns gewonnen. Im nächsten Schritt betrachten wir die Kraft und

Macht, die darin beinhaltet ist. Was für eine Naturgewalt steckt auch in uns! Diese reine Power gehört jedem Einzelnen. Und sie will intelligent und verantwortungsvoll eingeteilt und für das Höchste Wohl eingesetzt werden. Ja, diese Kraft ist in sich reine Energie. Sie ist sogar Licht. Unwissend haben wir sie aber in die falsche Richtung fließen lassen. Jetzt nehmen wir sie zurück. Ja, bitte, wir bringen jetzt unsere Gefühle zum Fließen. Wenn ein paar Tränen hinunterrollen, lassen wir es zu. Nicht nur darf unsere Verletzlichkeit zum Ausdruck kommen, sondern das Salzwasser reinigt, entlastet und befreit. Der stagnierende Teich wird gereinigt und bildet Rinnen, die sich durch die Landschaft verteilen. Der isländische Geysir hat sich in eine heilende Thermalquelle gewandelt. Der Eisblock ist am Schmelzen und alle spüren die Geborgenheit und die Zuneigung, die darin eingesperrt waren. Wir dürfen nicht zulassen, dass wir uns von unseren Empfindungen ausgeliefert fühlen. Nur wenn wir unsere Macht und Kraft an unseren Peiniger abgeben. Nun wissen wir, dass wir uns zurückholen, was uns wirklich gehört: unsere Urkraft, unsere Power, unsere Lebenskraft, unsere Authentizität, unsere Schönheit, ... (Platz für Sie zum Ausfüllen. Danke für Ihren wertvollen Beitrag.)

Noch ein kleines Kapitel zur „Emotion Number One": die Angst. Wir wissen, was sie meistens ist: eine Pappkarton-Maske. Die Energie, die sie ausstrahlt, können wir in einem Wasser-Veränderungsstadium symbolisch umdeuten. Speziell für die Angst habe ich jedoch noch ein Gerät mit einem Knopf oder einer Taste, die sich hin und her bewegen lässt. Somit wird die

Intensität reguliert. Dafür benötigen wir ein wenig Geduld, denn nein, wir schalten die Angst nicht vollständig aus, sondern sie wird allmählich reduziert. Also, bitte, keine oberflächliche Arbeit, sondern wir wollen eine gründliche Umwandlung erzielen. Zuerst wollen wir uns versichern, ob die Angst doch eine Warnung in sich trägt, die wir ernst nehmen sollen. Auch die Angst besitzt eine positive Seite, die sinnvoll und schützend sein könnte. Dann ziehen wir den geeigneten Schluss daraus. Nun stellen wir uns eine kleine Menge dieser Angst vor. Eine geringe Menge, womit wir zuversichtlich umgehen können, vergleichbar mit einer homöopathischen Dosis. Vor uns steht das spezielle Gerät, ein wenig altmodisch, aber es hat sich bewährt. Es kann nämlich die Angst-Intensität beeinflussen. Wir wollen sie ja reduzieren, dafür drehen wir den Knopf langsam nach links. Ganz langsam bitte, denn wir wollen wirklich spüren, wie die Spannung entweicht, wie die Atmung langsam und regelmäßiger wird, wie die Blutzirkulation sich bis in die Zehen ausbreitet. Wir werden ein wenig größer oder weiter. Vielleicht zeichnet sich ein Lächeln auf die Lippen. Bitte ausatmen mit einem lauten Atemzug! Wir machen kleine gezielte, zusammenhängende Schritte. Jetzt haben wir mehr Mut gewonnen. Wir sind so weit und wollen das Experiment durchführen. Zuerst wollen wir sehr sanft den Knopf nach rechts drehen, nur minimal. Die Angst wird leicht, sehr leicht ansteigen. Sofort aber drehen wir den Knopf wieder nach links, und zwar noch weiter zurück als vorher: was für eine Befreiung. Die Angst wird sich weiter auflösen. Die Technik zeigt uns, dass wir imstande sind die Angst in den Griff zu bekommen. Wir sind

Meister über sie und wollen sie jetzt nützlich umwandeln. Wir sind ja AlchemistInnen. Unsere nächste Aufgabe besteht darin, zu entscheiden, welche Emotion uns behagen würde. Was brauchen wir? Durchsetzungsvermögen, Geduld, Selbstvertrauen, Selbstliebe, was sonst? Die Angst wird eben in diese gewählte Energie umgewandelt. Das bestimmen wir. So geht es: Jetzt sind wir überzeugt, dass wir dazu fähig sind. Denn wir sind Herr / Herrin im Hause. Nicht nur können wir die Angst weniger machen, sondern wir können sie sogar in die von uns gebrauchte Kraft umwandeln. Wenn das nicht ökologisch ist!

Zusammenfassung: Angst in eine selbst gewählte Eigenschaft umwandeln: zuerst Knopf langsam nach links drehen – richtig spüren, wie die Angst reduziert wird. Unmittelbar danach Knopf nach recht drehen und die positiven Gefühle einatmen zusammen mit einer Affirmation, die wir uns individuell gestalten. Und noch einmal! Diese beiden Male reichen vorläufig aus, denn weniger ist mehr. Das Wichtigste steht uns noch bevor: die Eigenschaft müssen wir nun praktisch und gezielt in unserem Alltag praktizieren. Aus unserer Angst haben zum Beispiel Authentizität produziert. Das wollen wir jetzt konkret leben und tatsächlich wahrhaftiger und echter werden. Mit jeder Übung nähern wir uns der Meisterschaft. Vor allem werden wir aufrichtiger und schwingen immer mehr im Einklang mit unserem wahren Selbst. Unsere Ausstrahlung dehnt sich wohlwollend in die Welt hinaus und trägt zum gesamten Kollektivum bei.

Eine weitere kraftgebende Tätigkeit ist die körperliche Ausübung von Sport, energetischen Methoden (Tai-Chi, Yoga) oder einer regelmäßigen physischen Tätigkeit. Das Wichtigste besteht darin, die passende herauszufinden, so dass man Freude daran hat. Ohne die wird es zur Qual, was einen inneren Konflikt darstellt, der nie zu einer gesunden Abgrenzung führen kann. Freude an der Selbstüberwindung, an dem Selbstvertrauen, an den sichtbaren und fühlbaren Ergebnissen, bilden eine positive Rückmeldung vom physischen Aspekt unseres Wesens.

d) Gefühle als Schöpferkraft

Auch wenn die Faszination für die Gefühle von Menschen zu Menschen unterschiedlich ist, bleibt sie eine besondere menschliche Eigenschaft. Sie wird in der Literatur und in der Dichtung, in der Werbung, in der Psychologie und in verschiedenen therapeutischen Methoden erforscht, gepriesen, vermieden, verdrängt, ausgebeutet und manipuliert.

Unsere emotionale Dimension prägt unser inneres Leben sowie unsere Entscheidungen und unsere Handlungen. Ob sie zurückhaltend ist oder eher ausdrucksstark ausgelebt wird, die Hauptstimmung herrscht als unsere eigene Signatur in unserer Aura. Der Emotionalkörper strahlt nach Außen seinen persönlichen „Gefühlscocktail" in die Welt hinaus, wo er in Resonanz mit Gleichschwingendem eine Verbindung sucht. Gleich zieht gleich an unter Menschen, Ereignissen und Orten. Wir haben einen Bezug zu allem, was wir erleben. „Hat es etwas mit mir zu tun?" lautet eine häufige Frage? Die Antwort ist ja, ob nah oder fern. Wichtig ist es erstmal das zu erkennen und dann uns daran zu erinnern, dass wir die Verantwortung tragen, Entscheidungen zu treffen. Grundsätzlich ist die Menschheitsgeschichte auch unsere Geschichte. Gerade da liegt unsere Pflicht uns gegenüber sowie der ganzen Menschheit, ein ehrwürdiges Leben zu führen.

Das Problem ist, dass wir nicht gelernt haben, mit unseren Emotionen umzugehen. Instinktiv wollen wir manche erleben (die Schönen), andere vermeiden (die Unangenehmen). Das ist die oberflächliche Welt des sogenannten „positiven" und „negativen" die zu einem undifferenzierten „bequemen Leben" führt zusammen mit seinen „Zivilisationskrankheiten". In den meisten Fällen bleibt uns nicht viel anderes übrig, als unsere Gefühle zu behandeln, wie unsere Familie es halt getan hat. So werden viele ungeeignete Verhaltensweisen weitergegeben ohne Einsichten. Unsere fühlende Seite wird überhaupt von Scham, Schuld oder von einer verzerrten Faszination belegt. Und ich lasse die Sexualität hier überhaupt außen vor, weil das sexuelle Gefühlsleben in sich so ein mächtiges Thema ist, dass es „die Grenzen unserer Abgrenzung" überschreitet. Zwar hat die Psychotherapie enorm dazu beigetragen, dass unser Emotional-Leben in den alltäglichen Rahmen miteinbezogen wird, jedoch wird sie wiederum ausgebeutet und programmiert. Familie, Erziehung, Religion, Fernsehserien, die Unterhaltungsbranche und die Jugendliteratur beeinflussen und kennzeichnen auf eine mehr oder weniger manipulative Art den Umgang mit den Emotionen. Soll sich jemand nur nach außen richten und ausschließlich die mehr oder weniger unausgesprochenen Verhaltensregeln verinnerlichen, wird diese Person angepasst und berechenbar sein. Sie mag für den Alltag sehr angenehm sein „von allen gemocht", wie es öfters heißt. Hat sie aber ihre Tiefe nicht zugelassen und nicht erforscht, bleibt sie in ihrer vorprogrammierten Oberflächlichkeit. Sie ist voraussehbar, verarmt und ahnt nicht einmal den unendlichen Reichtum der Gefühlswelt, den sie in sich trägt und hegt. Nicht selten wird eine Lebenskrise das Selbstbild des formatierten Gefühlslebens sprengen und der Person eine ganz andere Seite ihrer Persönlichkeit enthüllen. Öfters findet da eine Konfrontation mit ihrer Schattenseite statt, einem Aspekt, den wir im alltäglichen Funktionieren eher verdrängen.

Vor dieser emotionellen Dimension stehen uns mehrere Aufgaben bereit: die Annahme und das Umpolen von nicht förderlichen Energien, die Unterscheidungsfähigkeit und die Deutung der gefühlsmäßigen Botschaften. Diese Aufträge betrachten wir im nächsten Kapitel: „Abgrenzung in der Gedankenwelt".

Was wir uns jedoch hier bewusst machen wollen, ist die gestalterische Macht der emotionellen Empfindungen und wie sie unsere Realität färben. Sie sind wie eine Linse, die wir ständig tragen und dadurch nicht einmal als beeinflussenden Faktor erkennen. Bekannterweise prägt die rosa Brille unser Erleben mit Optimismus und Leichtigkeit, Liebenswürdigkeit und Freundlichkeit. Hingegen zieht die schwarze Brille schmerzhafte, enttäuschende Erfahrungen an, weil sie unbemerkt unsere „dunkleren Filter" aktiviert. Die „Brille", die wir tragen, wirkt wie ein Katalysator. Wir übersehen die Brille, die wir auf der Nase stets tragen und meinen die Dinge zu sehen, wie sie sind. Noch mehr als Erwartungen prägt unsere innere fühlende Landschaft die Außenwelt. Erfahrungen, die im Emotionalkörper gelagert sind, projizieren ihre Schatten oder ihr Licht auf die Umgebung. Unter Umständen streben sie nach einer Wiederholung, um die Aufmerksamkeit auf ihren Inhalt zu ziehen. Mit dem Ziel eine Bewusstwerdung zu erlangen. Praktisch gesehen verläuft sie einen bestimmten Weg von einer unbewussten Blockade zu einem klaren Fokus, was gleichzeitig Befreiung oder Erlösung bedeuten kann. Das ist der Prozess der Heilung. Im besten Fall von positiven Veränderungen begleitet, wie eine größere Selbstwertschätzung sowie das Ablegen von allgemein schädlichen und selbstzerstörerischen Verhaltensweisen. Nach dieser introspektiven Umwandlung kann eine neue und erneuernde Wirklichkeit erschaffen werden.

Das Heimtückische an der Schöpferkraft der Gefühle ist, dass sie ständig am Wirken ist. Ob bewusst oder unbewusst kreiert das Gewahrsein Gefühlswelten auch im Schlafzustand. Denn dort besuchen wir Variantenräume / andere Dimensionen. Deshalb ist es wichtig mit positiven Gefühlen einzuschlafen. Wir nehmen sie mit in den Schlaf, wo wir unsere zukünftigen Entwicklungen proben. Dort treffen wir auf Dimensionen, die in Resonanz mit unserer jeweiligen Farbbrille stehen. Viele von uns haben die Erfahrung gemacht, wobei wir schlecht gelaunt und voll Ressentiment einschlafen und prompt am nächsten Morgen mit einer ähnlichen, wenn nicht schlimmeren Verfassung aufwachen, die wir dann in den kommenden Tag mitschleppen. Stopp! Es ist Zeit Einsichten zu gewinnen und die Perspektive zu wechseln! Ein Tapetenwechsel kann hilfreich sein, aber öfters ist nicht nur eine psychologische Arbeit an sich notwendig, sondern auch eine philosophische und schlussendlich eine spirituelle Umwandlung. Das Verharren in negativen und niedrigen Emotionen wirkt sich auf Dauer auf den gesundheitlichen Zustand aus und kann Auslöser von Krankheiten sein, wie es in der Psychosomatik und der Psychoimmunität anerkannt wird.

Damit meine ich keineswegs, dass ausschließlich hoch intellektuelle Menschen eine einsichtsvolle Lebensführung genießen können. Manchmal stellt gerade die Beschäftigung mit komplizierten mentalen Begriffen ein Hindernis dar, besonders wenn es bei der Umsetzung hadert. Nein, im Gegenteil sogar. Sogenannte „einfache" Menschen, die sich treu bleiben und ihren Weg klar und selbstständig gehen, können wunderbare Vorbilder sein. Sie gehören zu den bescheidenen Leuten, die keine „Geschichte" haben. Eigentlich sind sie sehr interessante Personen. Sie klagen aber nicht, hadern nicht mit Belanglosem und gehen mutig, frei und unbeirrbar ihren Weg. Konsequent ziehen sie die Folgen Ihrer Erkenntnisse und setzen sie in ihrem Alltag um. Sie leben im Einklang mit ihrer Seele. Und somit sind sie in Frieden mit sich und der Welt.

Frieden schließen mit den eigenen Gefühlen. Ihre steuernde Rolle in unserem Wohlbefinden sowie in der Realität, die wir erschaffen, „im inneren Garten" ist eine wichtige Aufgabe, die wir meistens übersehen. Der Begriff des „inneren Garten" aus der Östlichen Weisheit wendet sich an unsere Realitätsempfindung sowie an die Idee, dass die Gestaltung unseres persönlichen und unseres menschlichen Konsensus eine beständige „Arbeit an sich" darstellt. Genauso wie Gartenarbeit eine tüchtige und einfühlsame Regelmäßigkeit verlangt, um eine prächtige Naturoase mit gedeihender Vegetation zu kreieren, liegt es in unserer Verantwortung unsere Gefühlswelt zu verstehen und im Alltag förderlich auszuleben.

Diesen Auftrag erkunden wir im folgenden Kapitel.

5. ABGRENZUNG IN DER GEDANKENWELT

a) Gedankenfrequenzen
b) „Ich denke, also bin ich"
c) Wir sind, was wir denken
d) Richtiges Denken
e) Täter - Opfer Konstellation
f) Die Kraft des Umpolens
g) Verzerrtes Denken

a) Gedankenfrequenzen

Auch wenn Gedanken nicht physisch greifbar sind, besitzen sie messbare Wellenlängen. Z.B. mit Hilfe der Radiästhesie und durch fotographische Aufnahmen, wie die Arbeit von Dr. Emoto, bezeugt. Gedankenformen werden in Räumen, Orten und in Gegenständen wie Schmuckstücke oder Kleidung, wie Psychometrie belegen kann. Gedanken prägen nicht nur unsere Auren, unsere Physiognomie, sondern auch unsere Umgebung und unseren Werdegang.

Sich von den eigenen Gedanken abzugrenzen ist eine Kunst für sich, wie jede(r) weiß, die / der meditiert oder von wiederkehrenden Gedanken geplagt ist. Abhängig davon, wie wir unsere mentale Ebene pflegen, sind wir mehr oder weniger empfänglich für positive oder negative Gedankenformen. Wir erzeugen selbst keine Gedanken, sondern wir treten in Resonanz mit der mentalen Dimension, die aus verschiedenen Schichten besteht von verzerrten Gedankengängen bis zu genialen Inspirationen und lichtvollen Einblicken. Im unteren Bereich befinden sich auch alltägliche Überlegungen sowie das repetitive Kopfkino, das sich verselbständigt und eigentlich andere, höhere Denkweisen beeinträchtigt oder sogar blockiert.

Das Kopfkino möchte ich jedoch Aufmerksamkeit schenken und unter die Lupe nehmen. Auch wenn es sich nicht unbedingt um das Edelste dreht oder gerade deswegen, bietet es einen treuen Spiegel des inneren mentalen Lebens. Es verrät, was wir von und über uns denken, unsere Einstellung anderen gegenüber sowie unsere innewohnende Lebensauffassung. Was wiegt am meisten: Angst, Sorge, Minderwertigkeit, Aggression, Wut, Rache? Oder Freundlichkeit, Wohlwollen, Toleranz, Vertrauen in die Prozesse des Lebens? Was für Gedankenwellen zerstreuen wir in die Welt? Leider haben wir in der Schule nicht gelernt, mit unseren Gedanken umzugehen, sie zu kontrollieren, zu klären, sie auszusortieren, sie umzupolen und mit ihnen zu kommunizieren.

Tun wir jetzt gerade das! Auch aus den unordentlichen, trüben Alltagsgedanken gibt es ein paar wertvolle Schlüsse zu ziehen. Anstatt sie zu verdrängen, sollten wir sie herausholen und uns damit beschäftigen. Jawohl, mit ihnen kommunizieren: Was will mir dieser Gedankengang sagen? Worauf in meinem Leben, in meinem Sein will er mich aufmerksam machen? Warum taucht er zu diesem Zeitpunkt auf? Inwiefern ist es sinnvoll oder dringend sich mit seinem Inhalt auseinanderzusetzen? Wir werden nicht von der Natur, von der Welt geplagt. Sondern wir plagen uns, weil wir uns einer kommunikativen, intelligenten Welt verschließen. Nicht nur das, sondern wir machen uns zu

Opfern, obwohl das universelle Bewusstsein uns seine Hand entgegenstreckt. Wir wählen Aggression und Kampf, anstatt uns auf einen Austausch auf gleicher Augenhöhe mit dem universellen Bewusstsein zu begeben. Dafür benötigen wir ein wenig Stille, Ehrlichkeit und Vertrauen. Das ist aber zu viel verlangt! Herumzappeln, seine Zeit mit Belanglosem verbringen, seine Kräfte verschwenden mit vergeblicher Suche und zerstückeln der Wahrheit und des Lebens, Tun und Machen. Das alles, anstatt sich ab und zu Zeit zu nehmen, um mit sich und mit dem inneren Universum zu chatten.

b) „Ich denke, also bin ich"

„Ich denke, also bin ich" wird Descartes nachgesagt, der Vater des Rationalismus, des Verstandes als das höchste Organ des Menschen. Diese Eigenschaften hängen in der Aktivität der linken Gehirnhälfte. Sie beinhalten folgende Aspekte: Intellekt, Logik, Analyse, Struktur, Kontrolle, Festhalten, Polarisieren, Wille sowie die Fertigkeit Zusammenhänge herzustellen. Die Prädominanz des Denkapparats über andere menschliche Fähigkeiten, die Überlegenheit des Menschen über andere lebendige Wesen, die mechanistische Weltanschauung, die Lokalisation des Denkens, der Intelligenz und des Bewusstseins in den Gehirnarealen kennzeichnen unsere mentale Interaktion mit der Welt.

Ich führe jede dieser Eigenschaften auf, denn sie tragen nicht nur zum Missbrauch unserer intellektuellen Begabungen bei, sondern auch zu einem verzerrten Menschen- und Weltbild. Darüber hinaus sind sie auch der Grund zerstörerischer

Handlungen uns Menschen, anderen Wesen und der Erde gegenüber. Diese Schwerpunkte scheinen auch wiederum falsches Denken zu generieren.

1. Die Prädominanz des Denkapparats schließt aus oder mindert folgende Fähigkeiten: Bauchweisheit, Herzintelligenz, gefühlsmäßige innere Domäne, Inspiration und Intuition. Diese Tatsache führt zu einer Segmentierung und einer Verarmung des Begriffs „Mensch" sowie des menschlichen Daseins. Die Betonung der linken Gehirnhälfte fördert gefühlsarme und empathielose zwischenmenschliche Beziehungen. Auch der Bezug zu anderen Reichen: dem Mineral-, dem Pflanzen-, dem Tierreich, bis zu den Sternen, zum ganzen Universum ist beeinträchtigt. Der Bezug zur eigenen Quelle und zur universellen Quelle ist dadurch verzerrt.

2. Überlegenheit beinhaltet die falsche Annahme, dass eine Art von Menschen über anderen Menschen, über Tieren, Pflanzen, Naturwesen und weiteren Wesen steht. Diese Behauptung ist nicht nur umstritten, weil sie vom Kriterium variabel ist (wobei Macht und Brutalität sich durchsetzen, jedoch nie als menschliches Kriterium gelten können) und weil deren Folgen bestürzend sind. Der Überlegungswahn bringt die menschliche Rasse ab von ihrer Aufgabe als verbindendes Glied. Sie hat vergessen, dass sie durch ihr Einfühlungsvermögen den Auftrag erhalten hat, mit anderen Wesen zu kommunizieren, ihre Sprache zu erlernen und zu übersetzen. Eine ihrer wichtigen Rollen besteht darin, das Engelreich mit dem Reich der Elementarwesen zu verbinden. Da der Mensch seine Aufgabe

nicht erfüllt, geraten die Elemente in Verwirrung, was zu Überschwemmungen, Bränden, Tornados und manche andere klimatische Extreme führt. Grundsätzlich sind alle Lebensarten gleichwertig und sich einander ergänzend. Natürliche Hierarchie ist waagerecht und hat mit dem geeigneten Platz, in der geeigneten Zeit zu tun. Nicht mit der senkrechten Werteinteilung von besser, wichtiger, reicher, dominanter u.s.w.

3. Die mechanistische Anschauung: Ihr Schwerpunkt liegt auf der von Zeitdruck getakteten Automatisierung, der Robotisierung und dem reibungslosen Funktionieren vor allem auch von Menschen aber auch von Tieren und Pflanzen. Alles muss sich rentieren und in kürzester Zeit. Effizienz bis zum Verrecken. Diese Auffassung besagt: jede Sekunde deines Lebens ist gezählt. Sie trägt zu Depression und zu Burn-out Syndromen bei, weil der Sinn und die unergründliche Tiefe des Daseins nicht mit einbezogen wird. Stress wird erzeugt und von Mensch zu Mensch übertragen: Wie absurd! Mögen wir alle genug Einsicht besitzen, um uns rechtzeitig zu ertappen, wenn wir dazu neigen, uns automatisch zu verhalten.

4. Lokalisation: Die Zerstückelungsmentalität schneidet das Gehirn in Scheibchen und teilt Gehirnareale wie eine Landschaftskarte ein. In der Tat ist etwas daran. Wie Dr. Galligaris ebenso gezielte Reaktionen über bestimmte Hautpartien bewiesen hat. Wie wäre es mit einer Art energetische, holographische Reflexologie? Der Dichter, Maler und Mystiker William Blake hat damals das Universum im

Sandkorn entdeckt. Folgerichtig sollte auch der Kosmos im Menschen gespiegelt sein. Außerdem ist das Gewahrsein, „das Denken über das Sein und das Denken" schwieriger zu zerstückeln. Deshalb ist es immer noch nicht im Gehirn „gefunden" worden. Und wird es auch nie.

Diese alten Denkfehler über die kognitiven Fähigkeiten erschweren das Denken. Außer wenn man sich erlaubt die eigenen Überlegungen zu erweitern und alles zu hinterfragen. Und somit anzufangen für sich zu denken. Also Denkeinschränkungen wegzuschieben, und vor allem eigene Zusammenhänge zu eruieren.

c) Wir sind, was wir denken

Wie wir gerade gesehen haben, ist unsere mentale Fähigkeit sehr mächtig und noch wesentlich umfangreicher, als wir meinen. Sie prägt unsere Empfindungen, die sich energetisch über unsere Lebenskraft übertragen. Die Letztere wird gespeichert als Lebensenergie, die die verschiedenen Körpersysteme und Organe nährt, am Leben hält und regeneriert. Wenn wir die Reihenfolge konsequent verfolgen, verstehen wir, dass die Gesundheit der Organe in direktem Kontakt mit der Denktätigkeit steht. Anders ausgedrückt, unser Denken beeinflusst den Energiefluss innerhalb des physischen Körpers und steuert somit die Körperreaktionen. Es ist leicht nachvollziehbar, dadurch dass wir alle wissen, dass traurige, freundliche, lustige, aggressive Gedanken praktisch sofort in die Physis übermittelt werden: je nach dem die Tränen fließen, das Herz sich öffnet, die Lippen sich zu einem Lächeln bilden, die

Fäuste sich zusammenballen und der Blutdruckt steigt. Diese einfache Beobachtung bestätigt die Prinzipien der Psychosomatik. Natürlich ist die wissenschaftliche Erklärung detailliert und verlangt Wissen über Neurologie, Psychoimmune-Endokrinologie, über den Bewegungsapparat und vieles mehr. Jedoch dürfen wir uns die alltäglichen Zusammenhänge nicht entgehen lassen. Sie sind nämlich „hautnah" und noch näher „wir stecken drin", und somit sollten wir imstande sein, die selbstheilenden Kräfte der Psyche im Dienst unseres Körpers zu steuern. Diese einfachen Einsichten bilden die Basis unterschiedlicher Entspannungs- und anderer Biofeedbackmethoden. Durch die Rückmeldung, die zwischen Körper-Psyche-Körper stattfindet, entsteht ein tiefes Vertrauen in den eigenen Körper sowie im inneren Austausch. Dieser dient als Kontrollinstanz über den gesundheitlichen Zustand und hält die Person genau informiert nicht nur über körperliche Reaktionen, sondern ebenso über ihre emotionellen und psychischen Wandlungen. Unsere Weltanschauung sowie unsere Selbst- und Anderen-Wertschätzung widerspiegeln sich in unserem Verhalten, unserer Körperhaltung bis in unseren feinsten Falten. So definieren wir uns in der Welt. Gleichzeitig senden wir diese Information nach außen und ziehen Entsprechendes an.

d) Richtiges Denken

Im Buddhismus wird die Verbindung zwischen richtigem Denken, richtigem Fühlen und Handeln als ein Schlüssel für ein ausgewogenes Leben betont.

Ein gesunder, optimistischer Zugang zum Leben im Körper übertragt einen ausgewogenen Fluss. Umgekehrt ist der Energiefluss von der mentalen Ebene zu der Physis verzerrt oder mangelhaft, wenn keine Akzeptanz, Ängste oder Misstrauen dem Körper gegenüber vorhanden sind. Mentale, psychische und emotionelle Konflikte spielen eine wichtige Rolle als Auslöser von körperlichen Disharmonien. Öfters gelten Emotionen als Ursachen, was durchaus stimmt. Jedoch betrachten wir das Gefühlsleben näher, ist es ersichtlich, dass Glaubensätze und Denkmuster die Empfindungen steuern und gestalten.

Deshalb ist es unentbehrlich, sich über bewusste sowie unterschwellige Gedankengänge zu besinnen. Sie geschehen nicht einfach so, wie manchmal angenommen. Wir tragen die vollkommene Verantwortung für die Gedanken, die wir anziehen. Die Arbeit mit der mentalen Ebene erfordert Klarheit, Ehrlichkeit, Abstand, Beständigkeit und Disziplin. Die Kontrolle des Gedankenflusses, sowohl das Abstellen von störenden Gedanken sowie die Konzentration trainieren die mentalen Fähigkeiten. Sich von den eigenen Gedanken abzugrenzen, insbesondere vom mentalen Inhalt einer niedrigen Schwingung, bildet die Basis vom gesunden Denken. Unsere Aura strahlt die Frequenzen aus, die damit in Verbindung stehen. Dadurch werden wir im Universum erkennbar. Dadurch ziehen wir entsprechende Erfahrungen an. Richtiges Denken übertragt sich in richtiges Sprechen, das sich wiederum im richtigen Handeln umsetzt.

Die Lebenskraft ist von der Qualität des Denkens abhängig. Zuversichtliche, klare, wohlwollende, lösungsorientierte Überlegungen wirken stärkend auf das Immunsystem, aufbauend auf die Lebenseinstellung und die inneren Ressourcen, liefern Lebensenergie und Lebensfreude und sie verleihen eine lebensfreundliche Ausstrahlung. Sie fördern eine realistische Selbst- und Fremdeinschätzung, die Handlungen leicht umsetzbar machen. Sie spenden Herzenswärme und Dankbarkeit und nähren eine nach-oben-steigende Spirale. Gedanken-Karussell, hoffnungslose, problemorientierte, klagende, sich wiederholende Denkmuster wirken schwächend und kraftberaubend bis zur Gesundheits-Beeinträchtigung. Sie engen die Wahlmöglichkeiten sowie die Weltanschauung ein.

Wenn jeder Satz mit „aber" anfangen muss, besonders bei Lösungsangeboten, dann ist es höchste Zeit zu bremsen, das Klagen einzustellen und anzufangen Dankbarkeit zu üben. Dankbarkeit für die einfachsten und kleinsten Dingen des Alltags. Dankbarkeit für die Gnade des Seins. Dankbarkeit funktioniert wie ein Vergrößerungsglas auf alles, worauf es gerichtet wird. Freuen wir uns auf eine gute, schöne Sache, bekommen wir noch mehr davon. Dankbarkeit verleiht einen Fokus und eine Art Zentriertheit, denn sie lenkt die mentale Ausrichtung auf eine aufbauende Sicht. Auf eine Perspektive, die besagt, dass alles immer besser werden kann, unabhängig vom jetzigen Zustand. „Es kann tatsächlich nur noch besser werden": das ist das Gesetz der Evolution. Achtsam färbt sie die Lebensauffassung, den Selbstwert, die Wertschätzung der Mitmenschen und sogar des Besitzes – von was wir sind und von was wir haben. Damit meine ich auch keine aufgestülpte, oberflächliche Nettigkeit, sondern eine unermüdliche, kompromisslose Ausrichtung danach, was lebensfördernd ist. Wer sich gegen das Leben entscheidet, bewegt sich in die abwärts, absteigende Richtung hin. Das entspricht der Involution. Das unklare, verwirrte Denken hängt zusammen mit unrealistischen, verlogenen oder ängstlichen Absichten und wird von Illusionen getragen: sich Selbst gegenüber - sowie mit der Täuschung des Umfeldes. Gründliche Ehrlichkeit sich selbst gegenüber kann hart, aber sehr wahrhaftig sein; sie stellt jedoch das wahrhaftige Fundament einer spirituellen Arbeit dar.

Gedankenmuster, die wir pflegen, prägen uns auf alle Ebenen. Wobei wir im persönlichen Rahmen unsere Bemühungen ausrichten. Wir geben unser Bestes überall und jederzeit, ohne perfekt sein zu wollen, ohne andere nachzuahmen, ohne uns ablenken zu lassen. Das Leben ist gnädig: was zählt ist die Beständigkeit, die „Gedankenlandschaft", und die willentliche Lenkung des Gedankenflusses. Wir achten auf die positiven Schritte. Und wir sind uns, unserem Umfeld und dem Universum dankbar für jeden Schritt in die richtige Richtung. So erlangen wir den Berggipfel und die ewige und grenzenlose Aussicht unseres Seins.

e) Täter – Opfer Konstellation

Eine Verletzung der eigenen Integrität, besteht darin „die Angst zu haben den anderen zu verletzen". Das hört man gerne von Frauen – öfters in Verbindung mit Männern. Das äußern sie, ohne zu merken, dass sie ihre Wahrheit, ihre Freiheit, ihr Wesen, ihre Gesundheit manchmal und die Unversehrtheit ihres Selbstrespekts und vor allem ihrer gesunden Grenzen vielleicht schon seit geräumiger Zeit zertrampeln lassen. Rücksichtlos auf sich, selbst-opfernd für einen anderen: da fehlen das Gleichweicht, die Aufrichtigkeit im Umgang mit sich aber auch mit dem Gegenüber. Wer die eigenen Grenzen nicht wertschätzt, wird die des anderen auch nicht wahrnehmen und respektieren können. Zusammen mit einer heilen Abgrenzung hängt eine Portion gesunder Egoismus. Eigentlich hat es mit Egoismus nichts zu tun, sondern eher mit ausgewogenen Prioritäten. Man fängt bei sich an und erzielt eine gute Mittigkeit, denn die erste Verantwortung, die wir haben, richtet sich an unsere eigenen Energien.

Mangelt man an Zentriertheit, neigt man dazu, der Spielball vom Schicksal und dessen schädlichen Energien des Umfeldes sowie von anderen Menschen zu werden. Sich als würdig des Höchstens und des Besten zu betrachten und gerade das allen Wesen zu gönnen, schließt nicht nur dumme Konkurrenz-Kämpfe aus, sondern stellt uns als berechtigter Empfänger der einen göttlichen Kraft hin. Im Alltag sind Unterwürfigkeit und Kriechen noch viel zu verbreitet und haben nichts zu tun mit Demut oder Bescheidenheit. Sich klein und wertlos machen, zwingt auch den anderen sich zu „entwerten" und ist genauso unstimmig als sich aufzublasen. Warum nicht authentisch sein, es kostet weniger Kraft, als sich zu verstellen. Sich zu rechtfertigen ist auch nicht notwendig, solange man loyal, aufrichtig und gut abgegrenzt ist.

Für beide, Opfer und Täter, ist es wichtig die Mechanismen ihrer entsprechenden Verhaltensmuster zu begreifen. Vor allem wird es ersichtlich inwiefern die Abgrenzungsproblematik von beiden eine gegenseitige Anziehungskraft ausübt. Das Opfer ist mindestens in dem bestimmten Bereich und zu der gegebenen Zeit ungenügend abgegrenzt. Hingegen wirken die Grenzen des Täters als übergriffig und angreifend den schwachen Limits des Opfers gegenüber. Die beide finden sich in einer Interaktion, die die Würde von beiden verletzt. Interessant ist die Beobachtung, dass manche Opfer zu Tätern werden. Wiederum werden Täter irgendwann die Opfer der Justiz oder der Wende des Schicksals. Die Selbstwürde, die man für sich pflegt, teilt man in einem würdigen Umgang mit dem anderen. Umgekehrt verletzen wir uns selbst, wenn wir die Grenzen anderer überschreiten und verletzen.

f)   Die Kraft des Umpolens

Zuerst gilt es, zu erkennen, dass wir unsere Gedanken meistern sollten, um überhaupt Herr / Herrin im eigenen Reich zu werden und zu bleiben. Da Gedanken und Emotionen so sehr miteinander verknüpft sind, können sie unmittelbar unser Verhalten, unsere Handlungen und unsere Aussagen diktieren, (manchmal bevor wir uns überlegt haben, ob sie dienlich und aufbauend sind).

Wir tragen die Verantwortung, sie zu sortieren, zu pflegen und mit ihnen bewusst umzugehen. Sie bilden und widerspiegeln unsere Weltanschauung. Unser Denkapparat färbt, prägt und erschafft unsere Wirklichkeit. Unser Denkmodus und dessen

Inhalt zu gestalten ist eine große Aufgabe, die mentale Disziplin erfordert. Sind Denken, Intelligenz, Überlegung und Kognition nicht die wahren Merkmale der Menschheit? Worauf warten wir, um sie ausschließlich für das eigene und das allgemeine Wohl anzuwenden?

Erstmal geht es darum, zu wissen, was wir für moralisch und ethisch anstrebbar halten. Das muss deutlich definiert werden durch ein eigenes Wertsystem – auch ein Einfaches ist entscheidend und richtungsgebend. Selbstverständlich sind persönliche Prioritäten individuell. Dafür tragen wir als Einzelne die vollkommene Verantwortung. Schwerpunkte können sich im Laufe der Jahre verlagern. Sie können angepasst werden. Was wir klar festlegen und definieren wird zu unserem gezielten Willen. Untermauert ist der Wille durch die Klarheit und die Ausrichtung der Absicht und des Fokus. Sie wirkt wie ein gebündelter Gedankenlaser auf das Endziel, ohne abzuschweifen und ohne sich zu kümmern, wie oder wann sie es erreicht. Als Beispiel nehmen wir an, dass unser höchstes Ziel darin besteht, Frieden in unserem Leben zu integrieren. Damit meinen wir den Frieden des Gewissens, des eins sein mit sich und der Welt im Gegensatz zur Verdrängung (Unbequemes unter den Teppich kehren oder aus dem Weg gehen) oder zur oberflächlichen „Ja zu allem sagen". Ein konsequenter Friedensweg wird kristallklar und kompromisslos aussehen. Die Wahrheit wird nicht allen gefallen. Die Notwendigkeit, sich zu positionieren, wird manche wachrütteln. Diese Entscheidungen gehören zu der Nachdrücklichkeit der Absicht in allen

Situationen. Anders ausgedrückt: es wird einiges aus dem Weg geräumt, was mit dem eigenen Fokus nicht vereinbar ist.

Eigene Überlegungen und Gedankenschlüsse auszudrücken, wird schnell mit Polarisierung gleichgestellt. Und das schon seit ein paar Jahrzehnten. So spricht man vom Wetter, von Nettigkeiten und bemüht sich, das vorgegebene oder selbstauferlegte Format (Beruf, Nachbarschaft, Fachliches) ja nicht zu überschreiten und mit eigenem Denken und persönlichen Kommentaren „zu infizieren". Das Ergebnis ist eine langweilige, oberflächliche Kommunikation, die nie aus dem Herzen kommt und nie ausdrückt, was einen wirklich beschäftigt. Wiederum gestaltet sie diese nicht-sagenden Menschen, die angeblich nie was zu verbergen haben. Die verinnerlichte Zensur wirkt noch radikaler als die Äußere. Dazu gehört auch die Angst zu beleidigen und die politische Korrektheit zu brüskieren. Die Welt wird immer brutaler, aber aufdecken und beschreiben was ist, ist verpönt. So schlingert man sich um die Themen herum mit leeren Worten und Entschuldigungen, bevor man überhaupt etwas gesagt hat. Das ist nicht Gedanken-Disziplin. Sondern Verdrängung der eigenen Kommunikativ- und Denkfähigkeiten und deren Entfaltung bis zur Verdummung. Interessanterweise kenne ich einige Frauen, die den oberflächlichen Austausch regelrecht pflegen: die Verniedlichungen und die mädchenhafte Stimme passen gut dazu. Warum eine so abwertende Rolle verkörpern als Frau? Dieses Spiel ist schon längst vorbei.

Darüber hinaus würde ich Umpolen als die Fähigkeit beschreiben, nachteilige Situationen oder Ereignisse in ihr Gegenteil zu wechseln: aus einer Schwäche eine Stärke zu machen, aus einem Fehler eine Begabung zu entwickeln. Dahinter steckt die Erkenntnis, dass die Lösung im Problem selbst steckt. Es gibt Menschen die Polizisten oder Jurist werden, um Gerechtigkeit zu vertreten und Benachteiligten zu schützen. Nicht alle sind von diesen Idealen motiviert. Es versteht sich. Ein guter Freund von mir sagte: "Der beste Weg zur Klarheit ist Verwirrung". Selbstverständlich ist die Einsicht notwendig, um die Verwirrung zu merken, bevor man anfängt den Knäul zu entwirren. Wenn eine Denkart oder ein Glaubenssatz nicht mehr förderlich sind, steht es an, sie zu hinterfragen und zu ändern. Auch wenn sie früher und gedient haben. Auch wenn sie aus unserer Familie stammen. Das ist intellektueller Mut und Aufrichtigkeit den kognitiven Fähigkeiten und den mentalen Kapazitäten der Menschheit gegenüber. Pflegen wir doch dieses hohe Talent, diese Denkfähigkeit, die uns angeblich vom Tier unterscheidet!

Ich weiß, dass „the mind", „le mental", die Vernunft nicht mehr so hohe Konjunktur in letzter Zeit haben. Auch die „Intellektuellen" haben Angst, davon Gebrauch zu machen. Und ich weiß, es gibt auch die Intuition, das Gefühl und ich bin ganz dafür. Aber wir als Mensch verfügen über zwei Gehirnhemisphären, nicht nur Eine. Warum funktionieren wir auf Sparflamme? Was ist der Vorteil davon? Unauffällig und angepasst bleiben? Oh ja, das stimmt: nur gute Mädchen gehen ins Paradies!

Wir verfügen über so viele Möglichkeiten, uns weiterzubilden und Wissen zu entdecken, dass wir Daten sammeln verwechseln mit Information verstehen, verarbeiten und verinnerlichen. Es ist eine Sache der Qualität nicht der Quantität. Wie bei der Ernährung. Gedärme und Gehirne haben etwas Gemeinsames. Das Sieben, Trennen und Ausscheiden des Darmes ähneln dem Durchschauen, der Unterscheidungsfähigkeit und Verinnerlichung bzw. der Ablehnung des Materials, der kognitiven Fähigkeit im Gehirn.

Manche behaupten: "Es gibt einen Informationskrieg". Information verfälschen, zurückhalten, verschweigen, verzerren; alles glauben, nachplappern, nicht wissen wollen. Gehirnwäsche, Propaganda, Verlogenheit. Eine erfolgreiche Taktik ist Ablenkung, die auch die ganze Unterhaltungs-Industrie beinhaltet, worauf die Leute süchtig sind.

Wir leben in einer Gesellschaft, wo die Überfülle an allem ständig den Menschen aus seiner Mitte wirft – und ihn dauerhaft aus seiner Mitte hält. Wer nicht bei sich ist, befindet sich irgendwo anders, ist nicht präsent und nicht klar. Wer nicht zentriert ist, ist anfällig für energetische sowie physische Angriffe, weiß nicht, was sie / er will und lässt die Tür offen, für Fremdes. Die Überfülle ist ein Werkzeug, um Verdummung, Hypnotisieren und Verwirrung anzuzetteln. Für die meisten Menschen, die eine schlecht abgegrenzte Aura besitzen, ist es eine Qual. Um sie zu überwinden „macht man den Laden zu". Obwohl das ein bewährter Schutzmechanismus ist, verschließt man sich auch dem Leben gegenüber. Vor allem verzichtet man auf Freiheit. Die Klarheit und Durchsichtigkeit der Einfachheit gehen verloren, und es wird viel kompliziertes, dummes Zeug ohne Zusammenhänge, frisch nachgeplappert. Dadurch verpassen wir die Himmlischen Tore, wo die Einfachheit hinführt, um uns in einem mentalen Labyrinth zu verlieren. Es wird einem ständig etwas angeboten, gratis sogar. „Ich will es nicht, auch wenn es gratis ist!" Die Übersättigung der mentalen Ebene durch oberflächliche „Wissens-Schnäppchen" ist vergleichbar mit einem Verdauungstrakt der ständig von oben bis unten gestopft wird. Ohne Pause, um zu verdauen und sich zu entleeren. Das heißt, um Daten aufzunehmen, zu analysieren, um sie auszusortieren und gesunde Unterscheidungsfähigkeit auszuüben. Und somit sie auf Wahrheit und Stimmigkeit zu überprüfen, mit der Absicht zu behalten, was wertvoll und bereichernd sowie intellektuell nährend ist. Und endlich, um den Rest auszuscheiden und restlos aus dem eigenen System herauszuschmeißen! Da kommt schon der nächste Schwung an belangloser, irreführender Masse. Das bringt nicht nur das Verdauungssystem durcheinander, auf Dauer macht es krank, auch im Kopf. „Wie kann ich damit umgehen?" Höre ich schon von weitem! Erstmal herausschmeißen und nochmals entrümpeln: Klar Tisch machen. Um klar im Kopf zu werden und um festzulegen, was uns wichtig ist. Wenn wir unsere Werte und Prioritäten gesetzt haben, wird der Weg deutlicher! Es gibt Platz in der Wohnung, Platz im Kopf, um die Gedanken zu Ende zu denken, die wir denken wollen. Es gibt noch etwas Unentbehrliches: nämlich das Beste am Internet: der kleine Papierkorb! Sie können sich auch einen im Kopf installieren und systematisch filtrieren. Klick und es ist weg, denn es ist wertlos und frisst Energie, anstatt einem Kraft zuzuführen. Auf Dauer entsteht eine gute und gesunde Gewohnheit: ein Dauerfilter, der Sinnvolles und Authentisches sofort erkennt. Denn zu viel Besitz, zu viel Info, zu viel im Bauch sorgen auch für Überbelastung und Ablenkung. Nicht nur Aufmerksamkeit wird durch die statische Materialität festgehalten und von fremden Einflüssen, die die Gegenstände belegen, angezapft, sondern unsere Prioritäten, unsere persönlichen und kollektiven Werte, unser Verantwortungs-sinn. Es ist unentbehrlich, sich mit Menschen, Gedanken, Gegenständen, Schwingungen zu umgeben, die in Resonanz mit unserem jetzigen Wesen stehen. Dann herrschen Frieden, Harmonie, Kreativität und respektvolle und liebevolle Beziehungen. Wir verbringen unsere Zeit, diese geschenkte Lebenszeit mit wem und was uns wichtig ist.

Zur Ablenkung zählen wiederholte Einladungen zu belanglosen, Nettigkeiten, Oberflächlichkeiten und allgemeinem Zeit-vertreib. Lassen wir das an uns vorbeifließen und fokussieren wir auf Denktätigkeiten, die nährend, erhebend, erfüllend sind. Leichter gesagt als getan: Dafür müssen wir wach bleiben. Ablenkung ist eine psychologische Strategie, um den Menschen von sich, vom Leben, vom Lebendigen, vom Wesentlichen abzulenken. Lügen werden auf Tatsachen aufgestülpt. Der Konsens wird manipuliert wie in Christian Andersons Märchen „Des Kaisers neue Kleider". Und alle haben tolle Kommentare zu den Kleidungsstücken des nackten Kaisers. Hohles

Geplapper anstatt echter Information, eigene Überlegung, individuelles Denken.

Abstand spielt immer eine Rolle bei der Abgrenzung. Das Gegenteil wäre Verschmelzung, Fusion oder Identifikation mit einem Zustand oder einer Situation. Auf der mentalen Ebene bedeutet es, dass wir eine Distanz schaffen, zu reflektieren. Aber auch um Gedanken und Emotionen zu klären und einzuordnen. Somit gewinnen wir eine neue, vielleicht höhere Perspektive. Daraus entstehen wertvolle Schlüsse, Einsichten und Entscheidungen. In diesem Zusammenhang möchte ich eine Übung anbieten: SELBSTGESPRÄCH IN DER DRITTEN PERSON.

Die Ansprache in der dritten Person als „sie" oder „er" fügt eine äußere Instanz zwischen uns und unserem Denken / Fühlen hinzu. Anders gesagt: Ich rede von mir in der dritten Person. Diese Technik fördert eine psychische Distanz, die emotionelle Spannung sofort vermindert. Sie ermöglicht eine vernünftige Reflektion über die eigenen Emotionen und somit bietet sie eine bessere Selbst-Kontrolle. Als Stress-Reduktion wirkt diese Methode sehr rasch und mühelos. Spirituell betrachtet schaltet sie den inneren Beobachter ein. Folgendes Selbstgespräch könnte geführt werden: „Was spürt sie gerade?" „Nachdem sie diesen Schritt gemacht hat, entscheidet sie, was sie machen will", „Wenn sie sich zuerst erholt, kann sie nachher besser arbeiten", „Was würde ihr am besten helfen in diesem Zusammenhang", „Was ist ihr am wichtigsten im Moment?" So kann ein erkenntnisreicher Dialog aus den unterschiedlichen Persönlichkeitsanteilen entstehen.

Diese Technik wirkt innerhalb Minuten: der Stress lässt sofort nach wie es in Studien gemessen worden ist. Sie lässt es zu, die vorhandene Situation aus einer weiteren Perspektive zu betrachten, anstatt in der emotionellen Aufwühlung und in der mentalen Verwirrung zu verweilen. Überlegungen und Emotionen laufen in einem ausgewogenen Rhythmus ab. Ein sicherer Raum für die Weisheit wird geschaffen und Selbst-Meisterschaft gefördert.

g) Verzerrtes Denken

Mit verzerrtem Denken meine ich eine undefinierte und undifferenzierte Offenheit für chaotische, beeinflussbare Gedanken. Nie würde man das Haus oder die Wohnung für alle und alles offenhalten. Das tun wir aber mit unseren ungepflegten und ungefilterten Denkweisen. Das tun wir genau mit einer der höchsten Fähigkeiten, die wir als Mensch besitzen. Das Denken steuert alle Ebenen von unseren Gefühlen, über unsere Sprache, Handeln und Verhalten, zu unserem Wohlbefinden, unserer Gesundheit und schluss-endlich unsere Realität. Wir laden die Gedanken in unsere mentale Sphäre ein. Wer will Schrott, Manipulation, Sinnloses, Angsteinflößendes, Verfälschtes in seinem Leben einbauen? Gerade das lassen wir zu, wenn wir nicht sieben und überprüfen, was uns ins Haus fliegt durch Fernseher und etliche Medien, die meist das Niedrigste im Menschen kultivieren.

Wir leben in einer Kultur der Angst. Das Angst-Denken / -Fühlen ist so verbreitet und in den Zellen so gut geprägt, dass die Realität durch eine Angstbrille wahrgenommen wird. Angst hält klein und macht manipulierbar. Angst fungiert als verinnerlichte Kontrolle, Uniformität und Anpassung. Angst ist wie ein gutes Dressing, das zu allen Gerichten passt. Man kann Angst vor allem haben. Klarheit, Mut und Freiheit sind gute Antidoten gegen ängstlichen Denkmodus. Vor allem sich daran zu erinnern, dass wir göttliche Wesen sind - ewig und grenzenlos in der Essenz - befreit uns von manchen Pappkarton-Monstern.

Innerhalb der Abgrenzungs-Thematik steht die „Angst andere zu verletzen" ziemlich oben, besonders bei Frauen. Anderen tut man nichts an. Sich selbst hingegen wirkt man zutiefst verletzend, übergriffig und Grenzen verachtend. Man / Frau übernimmt unendliches Leid, um die Kinder, den Ehemann oder einen Partner, den Chef, die Eltern zu schonen. Diese Selbstaufopferung steht nicht im Einklang mit der Würde, die jedem Menschen zusteht. Es ist eine verschrobene Sache, die unter anderem zu wirren Verstrickungen führt. Denn im Hintergrund liegt die Erwartung, dass andere sich auch für uns aufopfern. Eine Schuld hängt wie ein Damokles-Schwert. „Was ich alles für dich getan und ertragen habe". Jedoch liegt das Ungleichgewicht in der Bereitschaft alles zu tun für andere, während der eigene Selbstrespekt und die persönliche Wertschätzung unbeachtet sind. Diese Einstellung wird selbstverständlich entsprechende Ereignisse anziehen.

Sich klein halten und sich öffnen für das Leiden, bedeutet energetisch gesehen sich in einen Minus-Zustand zu begeben. Da die Natur immer nach Gleichgewicht strebt, wird sie versuchen, den Zustand wieder aufzuheben. Indem dieselbe Person die Last weitergibt. Der Märtyrer wird zum Tyrannen. Die Hilflosigkeit wird zum autoritären, despotischen Machiavelli und zieht Familie, Bekannte, Nachbarn und Helfende in Verstrickungen hinein. Wer sich nicht achtet, kann andere auch nicht respektieren. In solchen Situationen werden Grenzen überschritten, verletzt und verhöhnt, manchmal unter einem zuckersüßen Deckmantel.

Es steht immer ein Mangel an Gleichgewicht hinter dem übertriebenen Bedürfnis anderen zu helfen, oder zu beschenken oder „es allen recht " machen zu wollen. Was für ein „Minus-Zustand" bei einem selbst wird da kompensiert? Warum so sehr auf das Glück anderer ausgerichtet sein? Bis zur Auflösung der eigenen Aura-Grenzen! Die Aura ist unter anderem ein energetischer Schutzmantel. Wenn die Konturen zerrupft, unregelmäßig, zu dünn und porös sind, kann sie ihre Aufgabe nur unzureichend erfüllen. Was wiederum zu weiteren emotionellen, physischen, psychischen Angriffen führt. Ein Dienst an allen im Sinne vom Höchsten Gut würde die Tatsache berücksichtigen, dass Gleichgewicht erstmals bei sich selbst anfängt und sich dann auf andere überträgt. Wer sich um gesunde Grenzen bei sich bemüht, wird auch einen achtsamen Umgang mit den Grenzen und mit der Würde anderer pflegen. Außerdem entsteht eine energetische übertragbare Resonanz zwischen den Menschen. Zu denken, dass wir allen gefallen müssen, wird die Einheit (die Person) in ihren Energien verzerren und somit ihren Bezug zur Gesamtheit (der Gruppe, der Gesellschaft) verzerren sowie die Balance der Gemeinschaft selbst schwächen. Es entsteht ein Mangel an Authentizität und somit übertriebenes Verhalten mit Extremen wie superfreundlich, unfreundlich, maßlos großzügig, geizig im Beitrag zur Gemeinschaft und so weiter. Die tiefere Motivation der Person, die übermäßig gefallen möchte, enthüllt auf Dauer eine genauso übermäßige Erwartung an ihre Mitmenschen – nämlich, dass alle es Ihr recht machen. Vielleicht klingt diese gründliche Analyse bösartig. Die disharmonischen Schwingungen, die in einer solchen Situation wahrnehmbar sind, entpuppen sich als dissoziiert und schmerzhaft für eine Energie empfängliche Beobachterin. So kann falsches Denken unbehaglich werden.

Die „Ich bilde mir ein….." Symptomatik deckt eine weitere Art der Gedanken-Verzerrung auf, die die mentale Abgrenzung gefährdet. Hier geht es um einen blockierten Zugang zu der inneren Einheit des Denken-Fühlens. Darüber hinaus zweifelt man an, was man doch und trotz verschlossenen Kanälen spürt, sieht, fühlt und beobachtet. „Ich bilde mir ein, dass ich eine Erleichterung spüre, wenn ich eine gezielte Übung durchführe…..", „Ich bilde mir ein, dass ich die unbehagliche WLAN Energie spüre….und arbeite nur mit Kabel". Ich stellet es fest in meinem Körper. Aber mein Kopf ist nicht imstande einen klaren Schluss zu ziehen. Doch eigentlich schon. Aber ich bezweifle meine mentale Aktivität. Eigentlich, sagen die Weisen, eigentlich bilden wir uns ein, dass wir um 7:00 Uhr aufstehen, zur Arbeit fahren und so viel verdienen. Das ist der Traum. Den bezweifeln wir aber nicht. Was wir unmittelbar beobachten und spüren – jedoch nicht sehen, können wir nicht glauben. Oder ist unser Denkvermögen so beeinflussbar, dass wir unausgesprochene Verbote befolgen? Denn es ist nicht offiziell bewilligt oder bewiesen oder erwünscht?

Verfälschtes Denken läuft parallel zu manipulativem und manipuliertem Denken. Der Zwang der Werbung. „Natürlich sind wir frei die Nein-Taste zu drücken!". Wir sind frei zu tun, was wir wollen. Tun wir aber nicht, was wir tun müssen, können wir kaum überleben. Dafür wird die Sprache verdreht. Es wird nicht an Ausreden und Neologismen gespart. Neusprech (Orwell 1984) und LTI von Victor Klemperer über die Sprache des Nationalsozialismus. Verzerrtes Denken – Verzerrte Sprache – Verzerrtes Handeln – Verzerrtes Sein – könnte man zusammenfassen.

In extremen Fällen wird das Denken von manchen Menschen so verdreht, dass ihr Leben und unter Umständen das Leben der Mitmenschen in ihrer Umgebung dadurch beeinträchtigt wird. Es handelt sich um paranoide Denkweisen bis zur blühenden Paranoia. Ich habe mehrere Leute gepflegt und gekannt, deren ganze Denktätigkeit vom Verfolgungswahn zerstört ist. Da sie sich in ihren Aussagen sowie in ihren Ängsten sehr ähneln, sollten wir sie ernst nehmen. Vielleicht steckt etwas dahinter. Für diese Betroffenen sind die Erfahrungen so real, dass die „Nicht-Beachtung" ihres Inhalts verachtend ist. Man kann es sich leicht machen und paranoide Berichte als Wahn und

Halluzination bezeichnen. Die Bezeichnung liefert keine Erklärung. Im Gegenteil, sie sperrt jeden Versuch zu erforschen, zu verstehen oder mitzuempfinden in einer Ignoranz und einer Überlegenheit ohne Gleichen. Ein Forschergeist könnte sich erlauben, eine Verbindung mit militärischen Mind control Experimenten zu machen, wie sie von der CIA bekannt sind. Weitere Verknüpfungen mit parallelen oder paranormalen Dimensionen. Oder die Empfänglichkeit von besonderen „Energiekanälen" dürfte in Betracht gezogen werden. Die Entwicklung der IT-Welt samt Überwachungssystemen sowie die wachsende Zahl von Menschen mit einer Tinnitus-Diagnose sollten neue Betrachtungen anregen. Dafür braucht man Intelligenz, um Denkverbindung herzustellen und „connect the dots", um David Icke zu zitieren.

Es ist wohl die grundsätzliche Definition von Intelligenz: „Verbindungen herstellen" im Gegensatz zu Daten ansammeln, ohne Sinn daraus machen zu können. Eine pauschale Bezeichnung liefert keine Erläuterung und keine Bedeutung. Im besten Fall verbietet sie unbequeme Fragen.

Zu den Denkfähigkeiten gehört in der Tat die Fähigkeit Dinge zu benennen. Intellektuell schafft sie Ordnung und Kategorisierung wie sie für die linke Gehirnhemisphäre angebracht ist. Ebenso verleiht sie Abstand, so dass die Thematik analysiert wird. Vom Standpunkt der rechten Gehirnhälfte aus schafft die Benennung eine emotionelle Distanz und ermöglicht die Differenzierung zwischen „Sein" und „Haben". Zum Beispiel „Ich habe eine Depression" als

Gegensatz zu „Ich bin depressiv" – „Ich bin eine ewige und grenzenlose Seele, die momentan depressive Phasen erlebt". Sprechen wir langsam und bedacht diese verschiedenen Aussagen und beobachten wir ihre Auswirkungen auf unsere Psyche und in unserem Körper. Die Unterschiede dürften deutlich spürbar sein. Wollen wir die Fähigkeit zu benennen aus ganzheitlicher Sicht betrachten, das heißt aus der Connection von beiden Gehirnhälften, wie die Kogi Indianer es beispielweise tun, wird eine weitere Qualität ersichtlich. Diese Stammindianer behaupten, dass der große Geist allem einen Namen gibt. Im Universum ist jedes Wesen oder Teil eines Wesens bekannt. Zum Beispiel ein Vogel samt bestimmter Flügelfedern, die so wertvoll sind, dass die kleinen braunhäutigen Männer aus den Amazonen sie barfuß im Dschungel kilometerweit suchen. Selbst die besondere Feder besitzt einen Namen, den sie von Gott bekommen hat, sowie eine besondere Eigenschaft und eine bestimmte Aufgabe. Jedes Wesen und Teil dessen besitzt eine Identität und ist daher vom Großen Geist bekannt und wird erkannt. Im Universum ist keiner anonym. Und keiner muss sich beweisen oder ausweisen. Er ist jedoch da, um seine Bestimmung zu erfüllen als wertvolles Puzzlestück innerhalb des Großen Göttlichen Puzzle.

Nun pragmatisch zur Benennung eines Leidens, einer Thematik oder einer Situation. Es ist sinnvoll auf die Wortwahl zu achten. Denn ihre Bezeichnung ist gleich die Erschaffung eines Miniuniversums, das im Kosmos erstrahlt. Die Resonanz, die aus ihrer Schwingung ausgeht, ruft Ähnliches hervor. Drama und überzogene oder inflatierte Beschreibung schwingt mit Drama und Intensivierung des Themas. Übertriebene Minderung des Subjekts macht es wiederum belanglos, unwichtig. Sich Gedanken zu machen über eine genaue und klare Bedeutung mit der ausgewogenen Wortwahl, schafft nicht nur Abstand, sondern schwingt gleich mit den Lösungen, die in Frage kommen könnten. Wenn wir etwas als „Absolut unmöglich" bezeichnen, resoniert es sofort mit der Dimension der „Unmöglichkeit" sprich „unmögliche oder keine Lösung". So wird sich es auch energetisch und emotional anfühlen, so dass konstruktive Ergebnisse von vorneherein ausgeschlossen sind

Die Verweigerung, sich eine Thematik anzuschauen und ihr einen geeigneten Namen zu verleihen, verfälscht alle Versuche diese Situation zu heilen, zu lösen oder zu verbessern. Sie besitzt keine Identität und somit existiert sie nicht (oder wird verdrängt). Um Heilung oder Erlösung zu finden, muss der Mut vorhanden sein, das Leiden oder die Problematik ins Licht zu stellen. Das Licht wird dann seine läuternde Arbeit machen. Es wird seinen klärenden und enthüllenden Strahl darauf werfen. Und somit Heilung durch die transformative Kraft der Liebe ermöglichen.

6. ABGRENZUNG IN DEN GEISTIG-SPIRITUELLEN DIMENSIONEN

- a) Die Gedanken sind frei
- b) Die innere Stimme
- c) Unterscheidungsfähigkeit
- d) Die geistigen Werkzeuge
- e) Geistige-spiritueller Horizont
- f) Die fatalen Spaltungen

a) Die Gedanken sind frei

Früh in unserer Entwicklung wird uns beides bewusst und unbewusst einprogrammiert, was und wie wir denken sollten. Und vor allem, was verpönt und was gar nicht sein darf. Der Rest gilt als mehr oder weniger „normal", das heißt, der „Norm" entsprechend. Uns an die Norm zu halten, ist eine der Hauptaufgaben, die wir schon als Kleinkind instinktiv kapieren müssen. Öfters ist es mit unausgesprochenem Liebesentzug verbunden. Oder gar mit einer klaren Aussage: "Wenn Du nicht lieb bist…", „Gute Buben…", „Schlechte Mädchen…". Nirgends und auch zu keinem Zeitpunkt wird man aufgeklärt über diese Norm: Wer sie aufgestellt hat, warum und wozu. Wie sie definiert wird, kann man eruieren im Laufe des Lebens, wenn man die einfachsten Dinge hinterfragt. Zum „Wozu" lautet die Antwort: Anpassung, Einheitlichkeit sind die Grundregel.

Hier haben wir es mit Begrenzung und Einschränkung zu tun. Inwiefern wir das gedankliche Einkesseln dulden, und uns wiederum davon abgrenzen wollen, wird zur Lebensaufgabe für freiheitsliebende Menschen. Wer den spirituellen Mut besitzt, soll aber gründlichst vorgehen, sonst bleibt man, bei oberflächlichen, vorgekauten Erklärungen stecken. Wer wirklich die Augen, sprich die Augenklappen, aufmachen will erlangt mehr Denk-Selbstständigkeit und Freiheit. Zusätzlich auch vermehrt Verantwortung. Auch die Verantwortung mit der Wahrheit umzugehen. Besonders in einer Welt, wo die meisten nichts von der Wahrheit wissen wollen.

Gedanken sind frei wie die Luft. In der Tat stehen die Gedankenwelt und das daraus entstehende Gewahrsein in Verbindung mit dem Luftelement. Wir leihen Gedanken aus, oder besser gesagt, wir laden sie ein in unseren höheren Mentalkörper, der nach außen strahlt, und wiederum entsprechende Ereignisse anzieht. Grundsätzlich gehören Gedanken niemandem, denn sie gehen in und durch unseren Mentalapparat. Natürlich ist es gerecht, Menschen Anerkennung zu schenken, die besondere, hilfreiche, geniale Inspiration empfangen und sie mit ihren Mitmenschen für das Gemeinwohl teilen. Jedoch kann es keinen Besitzanspruch auf eine Idee geben. Eigentlich auch auf keines der Geschenke des Universums. Besitz ist eine Illusion, die die gesellschaftliche Lebensführung verdirbt, wie Anarchismus mit Recht erkennt. Was höre ich da aus der Ferne? Ein Patent aufs Leben? Wer lässt sich so eine Idee einfallen?

Das Bewusstsein ist wohl das Einzige, was wir mitnehmen. In seiner Essenz. Nämlich was wir erfahren und wie wir damit umgehen - im Einklang mit unserer Seelenabmachung oder nicht. Eigentlich sind die Spielregeln ziemlich einfach. Warum machen wir das Spiel so kompliziert? Oder lassen wir uns das Spiel verkomplizieren?

Auf alle Fälle tragen wir Verantwortung als inkarnierte Wesen auf der Erde. Verantwortung für unsere Gedankengänge und für die Realität, die wir gemeinsam daraus erschaffen. Dr. Ulrich Warnke berichtet ausführlich und aus der Perspektive der Quantenphysik und der Quantenphilosophie. Unter anderem in diesen Werken: „Quantenphilosophie und Spiritualität" und „Die geheime Macht der Psyche". Verantwortung für Gedanken, Emotionen, Handlungen, Aussagen und für unser Leben. Verantwortung tragen wir, auch wenn wir keine übernehmen. Scheint es sehr unbequem? Vielleicht am Anfang, bis man merkt, dass Verantwortung Teil unserer Freiheit, Teil unseres Freien Willen ist. Freiheit bedeutet, eine Wahl zu treffen. Freiheit bedeutet Unterscheidung auszuüben. Das Filtern, das Sieben von Information stellt eine hohe intellektuelle Fähigkeit dar, zusammengekoppelt mit praktischen Folgen, die Entscheidungen unmittelbar begleiten. Verantwortung und Freiheit sind gleich zu stellen mit „Empowerment".

Wenn Gedanken tatsächlich frei sind, fungieren sie als Sprungbrett zum Gewahrsein. Sie brauchen nicht komplex zu sein. Klarheit und Kohärenz sind nötig, um Gedanken bis zu Ende zu denken. Diese Fertigkeit scheint vor lauter Datenüberflutung für viele Menschen schier unmöglich. Zusammen mit Verantwortung, Freiheit und Unterscheidungsfähigkeit sind wir imstande eine förderliche Perspektive zu wählen: Dankbarkeit anstatt Klagen, Handeln anstatt Ausweglosigkeit, füreinander da sein anstatt Isolation und so weiter.

ERSTE ÜBUNG: Die Ausgangsbetrachtung (leeres Glas / volles Glas) wirkt sich unmittelbar auf das körperliche Wohlbefinden aus. Versuchen wir, ein bedrückendes Thema aus einem leichteren Winkel zu sehen. Praktisch sofort taucht ein Seufzen auf. Vielleicht macht sich eine wohltuende Wärme spürbar. Eine allgemeine, wenn auch noch geringe Erleichterung macht sich breit. In diesem Zustand sind wir schon eher imstande, einen geeigneteren Umgang und eine qualitativ bessere Lösung zu finden. Mindestens wird unsere Gesundheit geschont. Bitte gleich damit anfangen. In allen Situationen. Nach und nach erhöht sich das Bewusstsein.

ZWEITE ÜBUNG: Nehmen wir uns vor, eine Aufgabe zu meistern, die wir gar nicht mögen. Nehmen wir uns extra Zeit dafür. Gestalten wir die Umgebung so angenehm wie möglich: Tasse Kaffee, Hintergrundmusik, ein schöner Stift. Und jetzt mache ich meine Buchhaltung, als ob sie meine Lieblingsbeschäftigung wäre! Ein paar Male üben und wir werden entdecken, dass wir uns dabei besonders entspannen können. Dass die Angst vor bohrenden, unlösbaren Fragen von der Steuerberaterin entfallen. Dass Ordnung und Klarheit sich in anderen Lebensbereichen erweitern. Dass wir keinen Grund haben, eine Steuerkontrolle zu befürchten. Dass wir mit der Zeit diese Aufgabe eigentlich für interessant oder faszinierend halten und so weiter. Die initiale Perspektivveränderung öffnet wiederum neue, ungeahnte Horizonte. Das ist eine spirituelle Übung, die den Spannungszustand zwischen den Polaritäten regelrecht berstet. Jenseits dem „mag ich", „mag ich nicht" gibt es weitere Einsichten über sich und die Welt.

Konstantin Wecker beschreibt in dem Lied „Die Gedanken sind frei" sehr gut unsere heutige Situation.

Ja, die Gedanken sind frei. Das Gedankengut der Katharer lebt weiter, auch wenn die Menschen ausgerottet worden sind. Ideale, Denkbilder der höheren Sphären sind unantastbar. Jeder Mensch kann sie jederzeit aus den humanistischen, spirituellen morphogenetischen Dimensionen anzapfen.

Ist das der Grund, warum die Digitalwelt sich so verbissen dafür interessiert? „Sie wollen wissen, wie das Denken entsteht" hat Edward Snowden gesagt. Er weiß, wovon er spricht. Warum achtet keiner darauf? Wo liegt das Denkproblem da? Oder hat es mit Bequemlichkeit oder ausgesprochen kurzsichtigem Denken zu tun?

b) Die innere Stimme

Nun begeben wir uns bitte in die Verinnerlichung, mit der Absicht mit uns und mit dem Universum zu chatten. In dieser Oase meldet sich die innere Stimme, die Stimme des Gewissens, die Stimme der inneren Wahrheit. Sie sei leise, heißt es. Je weniger man auf sie hört, desto leiser wird sie. Denn sie achtet auf den freien Willen. In Notfällen oder lebensentscheidenden Momenten kann man sie manchmal nicht überhören. Sie meldet sich gerne durch Bilder und

Empfindungen. Sie ist immer da und gibt Antwort im Einklang mit dem Höchsten Gut. Ist es ein Grund, warum wir sie vernachlässigen: weil sie dem Ego nicht schmeichelt?

Varianten und unterschiedliche Ausdrücke dieser inneren Sprache sind die inspirierten Gedanken oder spontanen Einfälle, Blitzgedanken oder Sprüche, die einem ins Ohr geflüstert werden. Sie sind der Ausdruck der inneren Führung, die Orientierung und Schutz verleiht. Auf der spirituellen Ebene bildet sie die Brücke zum Höheren Selbst, das wiederum zum göttlichen Flüstern führt. Dort herrscht die absolute Überzeugung des richtigen Weges (ausschließlich für sich selbst im jeweiligen Augenblick) sowie die Verbindung zum eigenen Credo. Das Credo stellt das ethische Glaubensbekenntnis dar, das aus vielen Inkarnationen entstanden ist. Da liegen die Weisheit und die Ethik aus der Reifung des Daseins. Sie begleiten uns und stehen uns zur Verfügung in diesem Leben. Sie sind die Quellen der wahren inneren Kraft und der einzigen Sicherheit. Öfters sind sie uns zugänglich als mitgebrachtes Wissen. In der Essenz sind sie unsere größte Souveränität sowie die geeignetste Abgrenzung.

Sogar wenn die Botschaften direkt sind und sich über den physischen Körper ausdrücken, als Unbehagen oder im positiven Sinne als Wohlbefinden oder Erleichterung, werden sie abgetan oder bezweifelt. Es werden weit hergeholte Erklärungen gesucht und Verwirrung in das Selbstverständliche vermischt, weil wir es uns nicht gönnen, die Intuition oder das Gefühl unmittelbar anzunehmen oder zu vertrauen.

Sich abzugrenzen von der eigenen Quelle ist nicht nur ein Irrtum, sondern die Ursache des Leidens. Zum Schluss verlernen wir die Fähigkeit zu unterscheiden, was für uns stimmt oder nicht. Das fängt in der Kindheit an, wo die Erwachsenen das Kind verunsichern, indem sie das Fühlen / Denken spalten. Anstatt dem Kind in seiner Integrität zu vertrauen und zu verfestigen in dem Kontakt zu seiner inneren Stimme. Mittlerweile schwimmen viele Erwachsene in einem Meer der Selbstentfremdung und der Verunsicherung bis zu einem bedrohlichen Punkt für die eigene sowie die kollektive mentale Gesundheit.

Zum Wissen vom „Richtigen" gehört eine besondere Empfindung, die aus unserem Kern entsteht. Sie drückt sich aus durch ein „mit sich synchron sein", woraus Stimmigkeit und innere sowie äußere Ordnung geschieht. „Es passt", sagt man unspektakulär in Bayern. Diese gefühlte Stimmigkeit ein Zeichen, dass das Puzzlestück am richtigen Ort, zur richtigen Zeit seinen Platz gefunden hat. Das ist Harmonie. Das ist Erfüllung, wonach jede Zelle sich sehnt. Für den Menschen kann es bedeuten, sich wohl in seiner Seele und wohl in seinem Körper fühlen. In diesem Zustand, wo die Teile harmonisch im Einklang miteinander stehen, entwickelt sich einen Austausch mit dem Höheren Selbst: ein Bedürfnis zu sprechen, als ob man „durchgesprochen wird" „Es spricht durch mich". „Es ist, als ob eine weise Stimme durch mich gesprochen hätte" wird man öfters hören in der Rückmeldung.

Umgekehrt richten wir eine Bitte oder ein klares Vorhaben an unsere geistige Dimension, indem wir Worte oder einen Satz laut aussprechen und nach oben schauen. In der Essenz ist es ein Gebet. Ein spontanes, authentisches: „Für mich sind Finanzen kein Thema" wahrhaftig aus dem Inneren gesprochen, ist tausendfach wirksamer als Affirmationen, die monoton wiederholt werden ohne Empfindung, Begeisterung und Gewahrsein - dafür aber mit Angst und Zweifel behaftet.

Die Zeichen unseres Körpers und unsere Gefühle sind unter anderen unsere Verbündeten. Es ist unentbehrlich sie zu registrieren, um uns für die Botschaften der inneren Stimme, des Höheren Selbst, der Intuition oder der Inspiration rezeptiv zu machen. Dieser Fokus verleiht uns Stabilität sowie Unterscheidungskraft zwischen dem, was wir in unserem energetisch-spirituellen Feld aufnehmen wollen und wovon wir uns abgrenzen wollen. Je geerdeter wir sind, desto höher können wir in die geistigen Sphären hinaufsteigen. Und vor allem auf sichere und geschützte Weise.

c) Unterscheidungsfähigkeit

Aus einer gewissen Naivität heraus erwarten manche, dass alles in den „höheren" Dimensionen heil, heilig, sanft, schön und gut ist. Laut dem Prinzip „So oben wie unten" gilt ebenfalls das Gesetz der Resonanz. Auf eine Art ist die Reise in den unsichtbaren Ebenen nicht so sehr anders als unsere irdischen Begegnungen. Mindestens was den Umgang mit den dortigen Bewohnern betrifft. Auch dort sind Anstand, Klarheit, Verantwortung, Fokus und Verhaltensregeln angebracht. Und gleichzeitig ist die Fähigkeit zu sondern, auszuwählen, zu filtern und Entscheidungen zu treffen genauso wichtig wie hier, wenn nicht mehr. Denn dort geschieht alles unmittelbar, also schneller und unmittelbarer als hier.

Die „geistige Welt" wird manchmal als ein Sammelsurium von netten Entitäten gesehen, die man jederzeit abrufen kann, um einen Parkplatz zu finden, um uns Entscheidungen abzunehmen oder einfach um alles zu lösen. Das ist Wunschdenken. Ja, wir erhalten ständig Führung, Inspiration, Schutz, denn diese Qualitäten sind im Leben selbst eingebaut. Unser Umfeld sowie die Vorsehung stehen uns bei mit Geborgenheit, Güte und Unterstützung. Diese Qualitäten bilden die Selbsterhaltungstriebe der Lebendigkeit. Jedoch Entscheidungen treffen, das Gehen des eigenen Weges und die Gestaltung unserer Wachstumschancen liegen in unseren Händen, denn nichts und niemand kann sie uns abnehmen. Der Strom der Evolution trägt und nährt uns alle. Nichtsdestotrotz übernimmt die Evolution unsere Lernaufgaben nicht, denn keiner kann unser Leben für uns leben.

Die unsichtbare Welt besteht aus einem unendlichen Breitband an Dimensionen, die sich von den höchsten Sphären der Evolution zu den tiefsten Ebenen der Involution ausstrecken. Ein Auszug dieser Palette wird auf der Erde gespiegelt. Die klaffenden Extreme werden immer sichtbarer. Wer die Welt flüchtig beobachtet, meint, dass alles entweder schlechter oder besser wird. Eigentlich leuchtet das Licht umso deutlicher auf die gesamte Auswahl, damit die Menschen Entscheidungen treffen und somit zukünftige Entwicklungen auf der Erde steuern und mitbestimmen. Das höchste Streben zieht von der 3. in die 4. gelegentlich in die 5.Dimension. Jede / jeder wird aufgerufen sich zu positionieren. Daher die Notwendigkeit, Prioritäten zu setzen und die eigenen Werte zu definieren, so dass jeder Einzelne seine Wahl bewusst treffen kann. Hier haben wir es mit einer ethischen, moralischen Abgrenzung des persönlichen Pfades zu tun, in Übereinstimmung mit der innewohnenden Wahrheit der Seele. „Welche sind meine Grundwerte, die Prinzipien meiner Art und Weise zu leben?" Was ist für mich das Wichtigste, wenn ich von oben meinen Werdegang betrachte? Oder noch konsequenter: worauf will ich zurückschauen, wenn ich auf dem Sterbebett liege? Oder im Jenseits, wenn ich diese Inkarnation betrachte? Gerade jetzt stehen wir mitten im Spiel und sollen gänzlich Teil davon sein. Nicht abwarten, uns hinter Ausreden verstecken, „hoffen", dass es vorbei geht, oder dass andere die Verantwortung übernehmen.

Diese inneren Richtlinien gelten genauso in der geistigen Welt. Dort befinden sich nicht nur „die Guten", Engel, aufgestiegene Meister, liebe Verstorbene und so weiter, sondern auch andere Wesen, die die Gesetze des Aufstiegs verhöhnen. Genauso wie wir in einer Großstadt Menschen mit unterschiedlicher Gesinnung begegnen. Manche sind lichtvoll, hilfreich und weise. Andere sind bereit, uns in die Irre zu führen und unsere Energien anzuzapfen. Alle treffen wir mit Respekt, weil sie alle Teil der Einheit sind. Jedoch nicht mit dem gleichen Vertrauen wegen den Energien und den Absichten, die sie vertreten.

Daher ist spiritueller Schutz angesagt. Die eigene Authentizität im Sinne von Eins mit sich zu sein und Klarheit sind dazu maßgebend. Durch die Transparenz unserer Absicht stehen wir im Einklang mit unserer Bestimmung und deren Ausdruck und Eigenschaften.

Die eigene Identität wird bewusster und drückt sich aus bis zu den kleinsten Dingen des Alltags. Das Gewahrsein der Zeitlosigkeit und Grenzlosigkeit unserer Essenz macht alles heilig. Ich weiß, wer ich bin. Ich weiß, wer Du bist in der Essenz. Daher können wir uns alle in der Einheit auf verschiedenen Ebenen des Daseins begegnen. Jedoch bin ich und bleibe ich-selbst in meiner Identifikation. Das Bewusstsein der Ewigkeit nimmt uns viel Schmerz und Leid ab, denn das Ewige hat keinen Anfang und kein Ende.

Auf diese Art und Weise ist es denkbar, jegliche Energien zu kanalisieren, ohne die eigene Individualität aufzugeben. Wenn ich einen Apfel esse, werde ich nicht zu Apfel, sondern ich bewahre meine eigene Identität. Gleichzeitig profitiere ich von den Vitaminen, den Enzymen und den Ballaststoffen des Obsts. Diese Richtlinie wenden wir auf den höheren Ebenen an, wo Begegnungen mit weiterentwickelten Daseinsformen stattfinden. Die Kommunikation ereignet sich auf telepathische Weise. Telepathie ist die Ursprache aller nicht-inkarnierten Wesen. Wir beherrschen sie auch im inkarnierten Zustand im Mutterleib. Ebenso am Ende unseres Lebens im Laufe des Sterbeprozesses. Inzwischen verlieren wir uns immer wieder in unserem mentalen Labyrinth. Die Kunst besteht darin, die untere gedankliche Aktivität zu beruhigen, die linke Gehirnhemisphäre auf Standby zu setzen, sich jedoch gleichzeitig wach und empfänglich zu machen. Zu viel denken beeinträchtigt nämlich die direkte Wahrnehmung. Dieser aufnehmende hoch fokussierte Zustand ermöglicht den Empfang von höheren, über- und transpersönlichen Informationen oder Channeling. Ich kann die Muse einladen, indem ich die geeigneten Umstände schaffe in und um mich herum. Ob die Inspiration kommt, ist eine andere Sache. Channeling ist eine Zusammenarbeit, ein sich ineinander locken. Auf alle Fälle ist hier die sorgfältigste Abgrenzung angesagt. Vor allem vor der Kontaktaufnahme. Das Höhere Selbst, das für unseren Weg in dieser Inkarnation zuständig ist, resoniert mit Wesenheiten und Energiekomplexen, die sich auf unserer Wellenlänge befinden. Deshalb wenden wir uns ständig an unser Höheres Selbst für Schutz, Führung und Unterscheidungsfähigkeit. Die Aufgabe der Abgrenzung steht uns zu: wir entscheiden wann und unter welcher Form wir uns für die eingeladenen Energien zu Verfügung stellen in Form einer offiziellen Sitzung mit deutlichen Zeitgrenzen, wann wir anfangen und uns öffnen und wann wir unseren Empfangsmodus abschließen. Ich wiederhole: es geht um eine Zusammenarbeit auf Augenhöhe. Energien, die sich grenzüberschreitend verhalten, sind respektlos und daher unerwünscht - sowohl auf der Manifestationsebene wie im Jenseitigen. Das Zusammenwirken erfordert eine achtsame Rücksichtnahme, ein wohl temperiertes Miteinander: jeder an seinem eigenen Platz. Mit deutlichen und gut geplanten

Abmachungen kann man harmonisch gestalten und die Kräfte ausgewogen einteilen. Ich halte nichts von Energien aus dem Jenseits, die einen plagen, um ihre Botschaft durchzubringen, die Durchsagen erzwingen, wonach keiner gefragt hat. Da sie vom Zeitgefühl befreit sind, kann man mit den Entitäten abmachen, wie und wann die Zusammenarbeit zu gestalten ist. Als Ergänzung merke ich an, dass klassische Musik im Hintergrund den Wort- und Bildfluss fördert.

Zu Unterscheidungsfähigkeit gehört die Fähigkeit zu entscheiden, was wir wirklich wollen. Um die Entscheidung umzusetzen und zu verwirklichen, benötigt es den Willen. Das ist der Trigger, der den Impuls gibt, damit der Fokus real wird. In der Therapie warten viele Klienten auf die Wunder. Sie erwarten „einfach im Frieden" aufzuwachen. Der Frieden ist wohl vorhanden. Jedoch ist die allumfassende Entscheidung im Frieden zu leben der Schritt dahin. Der Entschluss beinhaltet alles, was dazu gehört, um dahin zu gelangen – im Einklang mit den kosmischen Gesetzmäßigkeiten. Und als Erstes sich zu erlauben, den Frieden zu spüren und friedlich zu sein. Praktisch umgesetzt kann man sich entscheiden „Genug zu haben, von allem, was man benötigen kann" „Frieden zu leben, unabhängig von dem, was ist", „Gute Menschen anzuziehen", „Seine Intelligenz zu steigern "etc.

Es handelt sich um eine energiegeballte und begeisterte Entscheidung FÜR ein Ziel, das einem wichtig ist. Natürlich kann man sich mit Affirmationen und Verhaltensweisen helfen, weil man bereit ist alles zu verwenden, was diese Entfaltung fördert.

Alchemistisch gesehen ist die Entscheidungskraft für einen persönlichen Zweck grundsätzlich. Alles andere ist hilfreich, aber nicht wesentlich.

d) Die geistigen Werkzeuge

Mit folgenden geistigen Werkzeugen können wir spirituelle Kontakte gestalten und steuern.

Imagination ist der königliche Weg zur Materialisierung der Vorstellungskraft auf der Manifestationsebene. Um Madame Blavatsky zu zitieren: „Energie folgt den Gedanken", was von der Quantenphysik in den vierziger Jahren des 20. Jahrhunderts erforscht und untermauert worden ist. Mystik trifft Physik über Philosophie. Überhaupt die Fähigkeit einen nicht-vorhandenen Zustand oder eine ideale Situation mit allen Sinnen wahrzunehmen, gehört zu den höheren mentalen Kapazitäten. Der nachhaltige Fokus hält den geistigen Laser auf ein Ziel oder eine genaue Umsetzung. Somit wird Energie nicht nur generiert, sondern gelenkt in die gewünschte Richtung. In diesem Zusammenhang spielt der Einklang mit höheren Seelen-Dimensionen eine erhebliche Rolle. Die imaginative Gestaltungskraft ist das Geheimnis der Heilkraft. Berühmte Heiler verwenden sie, um erstaunliche Genesungen zu bewirken, indem sie sich ausschließlich auf den gesunden Zustand des Klienten konzentrieren. Keineswegs sehen sie den kranken Menschen, sondern einzig das gesunde Ergebnis aus einer gezielten und unerschütterlichen Zuversicht. Die Tangente zwischen Gegenwart und Zukunft oder vorhandenem und erwünschtem Zustand ist in der Quantenphysik durchlässig und beweglich. Die Heilung wird auf einer Instrumentenseite angeschlagen und vibriert in diese Realität. Folgerichtig resoniert sie durch die Variantenräume mit dem nächsten besten Zustand für die genesende Person.

Die Power der Meditation entschärft und transformiert negative Ladungen. Diese Tatsache ist wissenschaftlich untersucht worden in Verbindung mit einer Reduktion der Kriminalität oder mit dem Einfluss auf Friedensverhandlungen. Zur Vorstellungskraft gehört die Fähigkeit lebendig zu visualisieren und des Fokussierens durch ein intensives emotionales Einfühlungsvermögen in das erwünschte Endergebnis. Somit ist es möglich ganzheitlich zu heilen, Situationen zu harmonisieren und lösungsorientiert Entwicklungen voranzubringen. Last but not least ist Realitätsgestaltung dadurch am einfachsten umzusetzen. Der Erfolg ist von der Fähigkeit abhängig, die Macht der Imagination, des sich Hineinfühlens gekoppelt mit einer tiefen Überzeugung, dass das Angestrebte schon Teil der Wirklichkeit ist. Früher wurde die Vorstellungskraft verpönt und ausgelacht als „unrealistisch“, „unwahr“, „belanglose Einbildung ohne Substanz“. Die Quanten-Weisheit bezieht den Begriff von Feldern mit ein: Lebensfelder, Holographie und morpho-genetische Felder um einige zu nennen. Alles scheint aus der Imagination geboren zu sein. Im konkreten Sinne entstehen Kornkreise aus einem geometrischen Ideogramm. Faszinierend ist es, dass ihre Form von Meditierenden mitgestaltet werden kann.

Eigentlich will die Imagination mit Klarheit und Disziplin angeregt werden. Sie ist ein Lichtfokus der Aufmerksamkeit, die mit Absicht und Ziel in eine bestimmte Richtung gesteuert wird. Dieser Prozess verlangt, dass man sich zuvor deutlich mit dem eigenen Seelenzweck und dessen Verwirklichung auseinandergesetzt hat. Der Strom der Absicht zusammen mit der Energie der Emotionen prägen die Saiten der Wirklichkeit, um daraus eine harmonische Melodie oder eine Kakophonie ertönen zu lassen. Dieser kreative Akt benötigt eine reine und klar abgegrenzte Anwendung. Im Gegenteil dazu zerfließt die Gedankenkraft im Leerlauf und beraubt uns eines Teils unserer spirituellen Souveränität.

Alles, was wir uns mit Beständigkeit vorstellen, besitzt eine reale Qualität. Gemeinsame und verbreitete Drehbücher der Hoffnungslosigkeit oder tiefverankertes Vertrauen in ein souveränes Empowerment der Menschheit tragen zur Erschaffung der eigenen und der allgemeinen Tendenzen bei. Was wollen wir miteinander erleben? Ich unterstreiche: die Gedankenmasse ist eigentlich kreative Kraft in Fühlen und Aktion. Nagende, hoffnungslose Gedanken machen Menschen und Gesellschaften krank. Diese Reflektionen dürften uns ermutigen, über unseren Gedankenstrom nach und nach Herr zu werden und ihn bewusster zu steuern. Außerdem färbt die Gehirnaktivität die Aura in den entsprechenden Farbtönen und Wellenlängen. Sie wiederum strahlt in die Welt hinaus.

Nun folgen zwei Übungen zur Anregung der Gedankenkraft in eine förderliche Richtung.

ERSTE ÜBUNG: Sie verwendet die Ausübung der Übersicht. Aus einer breiteren Perspektive können wir leichter die Essenz sowie unsere Priorität innerhalb eines Themas definieren. Von oben hinunter betrachtend oder mit seitlichem Abstand mit den revidierten Wertvorstellungen lassen sich leichter Lösungsansätze finden. Die Übersicht klärt das Gemüt. Überlegte, abgewogene Handlungsmöglichkeiten können effizient in das materielle Leben umgesetzt werden. Die gesunde Abgrenzung durch den gewonnenen Abstand schenkt uns die nötige emotionelle Erleichterung. Sie ist dem Zustand vergleichbar, den wir beim Revue passieren am Ende des Tages vor dem Einschlafen praktizieren.

ZWEITE ÜBUNG: Das „Tun, als ob" entspricht der imaginären Kraft der Kindheit. Als Kind spielen wir. Als Erwachsene arbeiten wir. Beim Arbeiten haben wir die Faszination und die Begeisterung des Spielens verlernt. Spielen ist eine Weise das Leben zu üben, ein Antrainieren von bestimmten Qualitäten sowie deren Projektion in die Zukunft. Es wird mit großer Absicht und Intensität durchgeführt. Der Erwachsene lässt dieses große kreative Geschenk zurück, wenn er anfängt sich Sorgen zu machen, dass Dinge nicht klappen, andere nicht zufrieden stellen werden mit entsprechenden Machtspielen aller Art. Anfänglich kann das „als ob" spielerisch in harmlosen Lebenssituationen praktiziert werden, die keine großen unmittelbaren Folgen mit sich tragen. Als wichtigstes Element dabei spielen wieder einmal die Emotionen eine entscheidende Rolle. Es muss sich so anfühlen, als ob die Situation so wäre, wie sie angestrebt wird. Heute möchten wir ein wenig glücklicher sein. Vielleicht mögen wir fröhlicher aussehen mit einem leichten Lächeln auf den Lippen. Am Anfang kann sich diese Mimik aufgesetzt und falsch anfühlen. Aber „O Wunder" das Lächeln wird erwidert! Was wir in die Welt als Samen gesät haben, blüht und gedeiht. Mit jeder Rückkopplung kommt das Zurücklächeln umso mehr aus dem Herzen. Durch dieses „als ob" als Anstoß haben wir einen Energiestrom in Gang gesetzt, der unmittelbar auf uns zurückkommt und zur Realität wird. Gleichzeitig entsteht ein Kreis jenseits unseres Tuns. Er verselbständigt sich und verbreitet sich in die Realität hinaus. Versuchen wir es heute mit ein wenig Dankbarkeit. Dankbarkeit besitzt die ausgeprägte Eigenschaft Positives zu multiplizieren. Sie wirkt wie ein Vergrößerungsglas im Inneren sowie im Äußeren. Das „als ob" Prinzip zusammen mit dem Denken-Fühlen aktiviert eine starke Formgestaltung und lässt eine bessere Welt entstehen.

e) Geistig-spiritueller Horizont

Unsere geistige Auffassung beinhaltet das Tagesbewusstsein, das Unbewusste und das Unterbewusste, das kollektive Bewusstsein sowie das persönliche und das kollektive Überbewusstsein. Es sind viele Schichten unseres Gewahrseins, die brach liegen, wenn wir uns nur dem Alltagsfokus widmen. Womit wir ständig beschäftigt sind. Es scheint, als ob alles getan wird, um uns auf die tägliche Routine festzunageln. Somit werden wir zum Hamster im Rad: nicht nur verschwenden wir unsere geistige Kraft in einem meist belanglosen herumagieren, sondern wir treten auf der Stelle. Veränderung bis zu Umwälzungen, entweder von außen kommend oder aus dem Inneren initiiert (siehe mein Buch „Ein neues Selbstbild erschaffen") bewirken Infragestellen, Neubewertung sowie Neuorientierung. Diese Phasen werden öfters „Lebenskrisen" genannt. Auch wenn sie sehr aufwühlend sein können, sind sie umso notwendiger in einer Welt, wo der Schein und das Funktionieren im Vordergrund stehen. Die Oberflächlichkeit, der Aktionismus, das Aufgesetzte maskieren die Untergrundströme der Unsicherheit, der Sinnlosigkeit, der Verzweiflung. Lebenskrisen rütteln auf und geben uns die Möglichkeit einen neuen Anfang zu machen. Das Bewusstsein wird erweitert und gewinnt einen breiteren Horizont zusammen mit einem tieferen Mitgefühl für sich selbst und andere.

Auch ohne Lebenskrisen ist es möglich die Scheuklappen zu erweitern, neue Einsichten zu gewinnen, sich auf neue Wege zu wagen. Andauernde Anstrengung und Anstreben, die als Ziel das Erblühen der Seele beabsichtigen, schwingen mit dem natürlichen Fluss und mit der Fülle des Universums mit. Ein Vorankommen aus den eigenen Kräften ist immer ein Asset, das im Gedächtnis gespeichert bleibt, auch wenn es nicht direkt zum Erfolg führt. Der Nachhall der gezielten Absichten resoniert mit dem Äther. Resonanz bedeutet Schwingung und Zusammenspiel. Aus diesem Mitschwingen tauchen Synchronizitäten, glückliche Zufälle und Zeichen auf. Im äußeren sind es Begegnungen, Lösungen und Antworten, die aus der richtigen Konstellation entstehen: am richtigen Ort, zur richtigen Zeit mit den richtigen Menschen. Sie fallen einem zu, wie das passende Stück seinen Platz im großen Puzzle findet.

Aus dem Inneren kommen wir auf neue Ideen und Erkenntnisse. Höhere Inspiration, Intuition und Erfindung in Form von Gedankenblitzen werden vermehrt zugänglich. Innere Wandlungen als Ergebnis von tiefgreifenden Erlebnissen wie mystischen Zuständen oder hellsichtigen Wahrnehmungen, sowie Nahtoderfahrungen und ähnliche Bewusstseinserweiterungen werden Teil unseres Alltags. Die Anzeichen sind nicht immer sofort nachvollziehbar, sondern erst in Retrospektive. Aber der geistige Horizont bleibt offen. Auch wenn wir Zeit benötigen, um die Impulse zu deuten und einzuordnen.

Es heißt, dass Hoffnung zuletzt stirbt. Gehen wir einen Schritt weiter. Wenn das Leben als Wunderwerk empfunden wird, ist die Bereitschaft Wunder zu empfangen umso größer: Kleine und größere werden stattfinden. Und noch einen Schritt weiter: wenn Gnade einen Platz in unserer Weltanschauung einnimmt und wir imstande sind, sie zu erwarten und damit zu rechnen, lassen wir eine Tür offen für sie. Das soll keine Einladung zum „optimistischen Fatalismus" sein. Im Gegenteil. Deshalb unterstreiche ich die Bedingung und die Wichtigkeit des eigenen Strebens, der persönlichen Verantwortung und der Tatkraft. Wie Omraam Mikhael Aivanhov es so ausführlich betont: es geht um die ständige Bemühung, um die Ausrichtung unabhängig vom Ergebnis. Diese Einstellung konzentriert die potente Kraft auf dem Weg selbst, auf dem Pfad dahin. Spirituell gesehen ist es diese reine Anstrengung, die wahrlich zählt. Diese Auffassung ist dem Erfolgsdenken im Sinne von Ergebnis erreichen des New Age entgegengesetzt. In sich ist das

Gleichstellen des Strebens und des Manifestierens sehr materialistisch orientiert. Es muss sich rentieren, man braucht fast eine Garantie, dass man das Ziel erreicht.

Es bleibt uns die eigene Wahrnehmung zu verfeinern und zu integrieren. Sie wird durch die innenwohnende Neugierde und den Beobachtungssinn angeregt. Wach und proaktiv durch die Welt mit offenen Augen streifen, mit aufnehmenden Ohren, fühlendes Spüren und Tasten, riechenden Nasen und schmeckenden Zungen. Mögen die Sinne zu Hellsinnen werden!

f) Die fatalen Spaltungen

Nun geht es zuerst um die Spaltung zwischen Materiell und Spirituell. Das Leben, das Dasein des Menschen werden in zwei Aspekte geteilt. Man ist spirituell in einem anerkannten religiösen Gebäude, in einem Seminar, wo spirituelle Themen behandelt werden oder wenn man mit spirituellen Gleichgesinnten verkehrt. Sonst ist man mit dem Alltäglichen beschäftigt und das soll nicht spirituell sein. Wieso denn? Wenn unsere Essenz aus den höheren Dimensionen stammt und diese Essenz alles durchdringt, trägt unser Wesen diese ursprüngliche Information immer und überall – auch im inkarnierten Zustand und dessen unterschiedlichen Aspekten. Den Funken, das Licht machen wir ausfindig durch die ablenkenden Schichten des Zweifels, der Angst, des Selbsthasses, der Schuld und der Scham. In allen Interaktionen dürfen wir uns an die Heiligkeit des Lebens erinnern.

Der Begriff des „Sünders" schafft es, aus dem göttlichen Abbild einen doch nicht so wertvollen Menschen zu machen. In Kriegen wird er verwundet und umgebracht. Seine Integrität herabgesetzt und verletzt durch Zwang, Verdummung und Einheitlichkeit.

Materiell und spirituell sind beide Aspekte der Einheit, wie Elektrizität und Magnetismus zwei Facetten von Elektromagnetismus sind. Oder wie Tag und Nacht je zwölf Stunden eines 24 Stunden Tagesrhythmus bilden. Beide Seiten ergänzen sich und gehören zueinander, die eine ohne die andere gibt es nicht. Das ist die duale Welt der Harmonie durch Gegensätze als Reflektion der Einheit in der 3. Dimension. Wir erkennen, dass jemand klein ist, weil es große Menschen gibt und umgekehrt. Es ist eine Sache der Menge oder der Intensität. Unser gemeinsamer Nenner ist das Menschsein. Natürlich gibt es eine ganze Palette zwischen einem Zwerg und einem Menschen, der an Akromegalie leidet.

Die Verzerrung führt zur Dualität, die eine Wertvorstellung oder einen Vergleich einführt. Das Vergleichen anstatt das Ergänzende impliziert, dass das eine besser oder wünschenswerter als das andere ist. Wiederum führt das zu urteilen, verurteilen und zum Wettbewerb. Das führt zur Vernichtung, zum Ausklammern, zu Kämpfen gegen das Wetter, gegen Zuckerkrankheit und gegen Schwarzfahrer, gegen einen Ismus oder eine andere Ideologie. Hauptsache: gegen etwas. Diese Einstellung steht für das Gegenteil von Inklusion und Integration, die Auswahl, die Freiheit der Wahl, und den kreativen Reichtum an Varianten beinhaltet. Der allmähliche Übergang von einem ins andere mit den individuellen und spezifischen Möglichkeiten widerspiegeln die unendliche, versprechende Fülle in ihren sanften Varianten wie die Morgendämmerung.

Wie wäre es Mensch zu sein im Alltag und gleichzeitig ein spirituelles Wesen zu sein? Durch die eigentliche Einsicht, dass unsere Frequenz der entscheidende Faktor ist? Wir wählen oder noch besser wir bevorzugen ein kraftvolles, liebevolles und kreatives Leben, das unsere Multidimensionalität inkarniert, gegenüber einem lethargischen, eingeschränkten Dasein, das uns von unserer Menschlichkeit entfernt.

Bemerkenswert ist die Spaltung zwischen spirituell und materiell sowohl im Westen wie im Osten anzutreffen. Sie dient den Machtstrukturen der Hierarchien. Überall machen sie aus dem „göttlichen Abbild" einen schwachen Schatten. Es wird entmächtigt und in Angst und Gefahr fest eingeengt. Es rebelliert zwar immer wieder und meistens über Belangloses, denn es hat den Überblick und den Sinn für das Wesentliche verloren. Aber zu häufig betrachtet es das Leben als ein fatalistisches Schicksal, das man ertragen sollte. Diese resignierte Anschauung widerspiegelt die Machtlosigkeit des Menschen, der nicht nur seine Macht und Kraft an andere Entitäten abgegeben hat, sondern auch seine Freiheit, seinen Verantwortungssinn und folglich seine Würde. Gefragt ist der Mut diese Spaltung im Inneren zu heilen, die Verbindung wiederherzustellen und sich als vollkommenes Wesen wieder zu betrachten und zu entfalten.

Der Körper ist durch die Haupt Chakren mit dem Universum verbunden. Wir erhalten ständig Lebenskraft aus unseren kosmischen Dimensionen über Aura und Chakra. Ohne sie gibt es keine physische Form, keine Gesundheit, keine spirituelle Nahrung. Unsere feinstoffliche, energetische Matrix trägt uns in Alltagsaktivitäten genauso wie im spirituellen Dasein. Die verschiedenen Ebenen sind unmittelbar miteinander verbunden. Die Harmonisierung von beiden Gehirnhälften zu verbessern ist noch ein Ziel. Die Verbindung zwischen intellektueller Logik und gefühlsmäßigem, umfangreichem Gewahrsein oder zwischen dem Yin und Yang wollen noch ausgeübt werden.

Die dritte Kluft findet statt auf der Ebene der Wahrnehmung. Der moderne Mensch lernt zu sehen mit seiner Vernunft und zu fühlen mit seinem Körper. Die Spaltung ereignet sich bereits in der Kindheit, wo das Kind dazu gebracht wird mit dem Blick zu fokussieren zum Nachteil der ganzheitlichen Wahrnehmung durch das umfangreiche Fühlen. Es wird dazu ermutigt nur zu „glauben" was es sieht. Das heißt ausschließlich das Äußerliche, den Schein, das Aufgesetzte, ohne dahinter sehen, fühlen, riechen, hören zu wagen. Ohne zu hinterfragen. Nur ein Sinn entwickelt sich, die anderen werden vernachlässigt oder in die Irre geführt - durch künstliche Düfte oder disharmonische, störende Klänge. Mit der Zeit stumpfen die Sinne ab. Und wir fixieren und starren, bis uns der Durchblick in seiner

schöpferischen Magie und in der Kraft des „Augen-Blickes"
gestohlen wird.

Vielleicht können wir uns an ein Beispiel entweder aus der
Kindheit oder sogar noch aus der Jugend erinnern, wo wir uns
von einem überaus attraktiven Eindruck täuschen ließen.
Jedoch erzählten das innere Gefühl, die Intuition etwas ganz
anderes. Vielleicht sogar der Riechsinn, der Entitäten aufspüren
kann, denn sie geben einen unangenehmen Geruch ab. Oder
der Gehörsinn, der unausgesprochene „Worte" oder „Sätze"
wahrnehmen kann. Oder andere Gelegenheiten im
Erwachsenenalter, wo wir unsere unmittelbare Reaktion nicht
ernst genommen und verdrängt haben. Nicht gebrauchte
Hellsinne werden nicht nur vernachlässigt, abgestumpft und
undifferenziert, sondern ihre Eigenschaften können nicht mehr
als gültig und vertrauenswürdig gelten. Man bezweifelt was
man erlebt. Man meint sich etwas einzubilden, anstatt es zu
erleben und den eigenen weisen (für einen selbst) Schluss
daraus zu ziehen! Man „glaubt" nur noch, was einem gesagt
wird und was man glauben sollte. Wo ist das Abbild Gottes mit
seinen göttlichen Attributen?

Übergriffiger Lärm, Tempo, Daten, Bombardierung von
Informationen, deren Ursprung und Gültigkeit nicht beweisbar
sind, zerstören unsere feinen Sinne, die miteinander
funktionieren wollten, um sich zu ergänzen und wie sechs
Geistführer uns ins Unbekannte zu leiten. Deshalb wenden wir
uns am besten von grellen, sinnlosen, ephemeren Aufregungen
und Geplapper ab. Sie tragen zur Verwirrung oder mindestens

Unklarheit bei, zur Verzerrung und Abspaltung der inneren Integrität und der Einheit. Parallel dazu mindern sie unsere Energie-Frequenz. Dafür suchen wir die Stille aber auch die aktive Bewegung in der Natur, nährenden Austausch mit Gleichgesinnten, Kreativität und souveränes Denken. Wir erinnern uns daran, dass wir Trägerinnen und Träger des göttlichen Funkens im Inneren sind, der nach Außen strahlt. Nun gilt es ihn zu aktivieren, um eins mit uns, miteinander und mit dem großen Ganzen zu sein.

7. SCHUTZ UND MACHTMISSBRAUCH

a) Abgrenzung als Schutz
b) Extreme Abgrenzung
c) Andersartigkeit
d) Selbstentfremdung
e) Abgrenzung und Angriff

a) Abgrenzung als Schutz

Abgrenzung kann als eine Art des Schutzes betrachtet werden, um das Innere vom Äußeren zu trennen, so dass keine Vermischung oder unerwünschter Einfluss entsteht. Abhängig von der einen Perspektive kann es eine positive, aufbewahrende Funktion ausüben. Aus dem entgegengesetzten Standpunkt kann es Ausgrenzung oder ein nicht Teil haben lassen bedeuten. Durch das Ausschließen, das die Teilnahme unmöglich macht, wird die Einheit zerstört. Aus einem wird zwei, die getrennt sind, sich ausgrenzen und eingrenzen und vielleicht sogar gegeneinander agieren. Jetzt haben wir Trennung, Gegenteile, Verschiedenheit, eventuell auch mit Wertvorstellungen, die das eine über das andere stellen. Das „nicht teilen" können, dürfen oder wollen ist das Merkmal, sei es Zeit, Raum, Wissen oder Information. Besitz stellt ein besonderes Thema dar: Was mir gehört, gehört dir nicht. Materielles, das in sich niemandem oder allen gehört, wird eingeteilt durch besondere Kriterien – öfters finanziell aber auch von der Herkunft, Zugehörigkeit abhängig. Es wird anderen weggenommen oder unerreichbar gemacht.

„Meins" ist einer der früheren Begriffe, die die Kinder aussprechen können bezüglich ihrer Spielzeuge oder ihrer Lieblingsmenschen. Etwas zu haben oder zu besitzen, was andere nicht teilen dürfen oder können, wird als eine Besonderheit empfunden: etwas Seltenes, etwas von höherem Wert oder Qualität, etwas, das aus irgendeinem Grund nicht allen zugänglich ist. Dann fangen die Machtspiele und Kriege an, der Wettbewerb, das Habenwollen, was den anderen gehört. Aber auch Schutzmauern, Zäune, Grenzen, Trennlinien und Wände, Innen und Außen werden errichtet. Innen ist Sicherheit, Privatsphäre und Bequemlichkeit sowie Fülle. Außen herrscht Gefahr, Schutzlosigkeit, Mangel, Bedrohung, Grenzüberschreitung, Respektlosigkeit, Ausnützung und ausgeliefert sein.

Im Materiellen Sinne haben wir es mit Armut zu tun und deren Auswirkungen, die auf Dauer die persönliche Gesundheit, Integrität und Würde mindern.

Im psychologischen Sinne zeichnet sich eine unscharfe Linie, wo Freiheit, Respekt, Wille und Wahrnehmung des räumlichen und „gefühlten" Rahmen des Gegenübers beachtet werden sollte: wo hört meine Grenze auf? Wo fängt deine an? Wenn die eigenen Grenzen überschritten worden sind, wird öfters der Abgrenzungssinn dem anderen gegenüber verschwommen. Es fehlt die Feinfühligkeit dafür, es fehlt die Fähigkeit die Stimmigkeit der individuellen Bedürfnisse und Tendenzen zu erörtern sowie das Abwägen der Andersartigkeit in Sachen Nähe, persönliche Rhythmen sowie intuitives und instinktives

Abgrenzungsvermögen. Der Mangel an Respekt entwickelt sich als „Nebenwirkung". Er ist meistens nicht beabsichtigt. Unter diesen Umständen kann ein freundliches Vorhaben als respektlos oder unachtsam empfunden werden. Das Einfühlen ähnelt eher einer Projektion der eigenen Bedürfnisse als der Wahrnehmung der Bedürfnisse des anderen. Die eigene Selbstwertschätzung sowie das Erspüren des Wertes und der Prioritäten des anderen sind verzerrt. Ein Mangel an Klarheit der Limits zwischen „dir und mir" erschwert den Umgang mit dem Umfeld: entweder entsteht ein Überschuss an Nähe oder eine rätselhafte Distanziertheit. Hier fehlt das Gleichgewicht, das ohnehin einen feinen Seiltanz darstellt. Die Frage stellt sich: entsteht die fehlbare Abschätzung durch das Erleben der Grenzübertretung am eigenen Körper? Oder umgekehrt: War die Neigung zu verschwommenen Limits schon vorhanden in Form einer übermäßigen Offenheit, die wiederum zu Missachtung der Integrität führte?

b) Extreme Abgrenzung

In diesem Abschnitt wollen wir Extreme der Abgrenzung untersuchen, und zwar in beiden Richtungen, entweder als übermäßiger Schutz bis zur Abschottung oder als zu große Offenheit. Hier sind einige Beispiele von Zeichen und Symptomen, die auf eine weit offene Aura hinweisen. In diesem Zustand kann sie ihre Hauptfunktion als Schutz der Einheit Körper-Seele-Geist nicht gewährleisten. Sie ist nicht nur durchlässig und undicht, sondern sogar porös. Es bedeutet, dass sie Energie verliert und sich leicht von Vampiren anzapfen lässt. Darüber hinaus sind ihre Ventile ausgelaugt und erfüllen ihre Filter-Aufgabe nicht ausreichend. Hier ist etwas aus der feinstofflichen Anatomie, was wenig bekannt ist: die gesunde Aura beinhaltet Wirbelähnliche Siebe, die die energetischen Impulse aus dem morphogenetischen Feld und von anderen lebendigen Wesen und Mitmenschen nach dem Prinzip der Resonanz durchfiltriert. Sind die Ventile geschwächt in ihrer Wirkung, lassen sie viel mehr Eindrücke durch als bearbeitet werden kann. Sie lassen auch Energien in das Feld hinein, die möglicherweise schwer, belastet und ungesund sind. Anbei eine Liste von Symptomen, die mit einer zu offenen oder ausgelaugten Aura in Verbindung gebracht werden:

Körperlich: Müdigkeit, Energielosigkeit, Kältegefühl und Ziehen zwischen den Schulterblättern, Schwäche im Solarplexus.

Emotional: Ängste, Alpträume, Beeinflussbarkeit, Neigung mit dem Gegenüber zu verschmelzen sowie Chamäleon-Verhalten, das dazu neigt, dessen Gebärde nachzuahmen oder dessen Ausdrucksweise zu imitieren. Suchttendenz. Sich schlecht fühlen in Menschenmengen. Beim Einkaufen nicht mehr wissen, was man kaufen will. Symptome von anderen zu übernehmen. Starke Launen-Schwankungen. Plötzliches Auftreten von unangenehmen Gefühlen an bestimmten Orten.

Geistig: keine eigenen Interessen oder Ziele. Zerstreutheit. Dichotomie zwischen hohen spirituellen Ansprüchen und dem eigenen Lebensstil z. B die Welt verändern wollen aber unfähig, die eigene Miete zu zahlen oder die Erleuchtung anstreben aber die vielen kleinen Schritte, die dahin führen könnten, zu vernachlässigen.

Der Mensch schützt sich „aus Sicherheitsgründen" gegen sich selbst und seine eigene Umgebung aus persönlichen, familiären, lokalen, nationalen, internationalen oder geopolitischen Gründen sogar bis zu exoplanetarischen Dimensionen. Die Menschheit schützt sich ohne Ende gegen andere Menschen, andere Wesen wie Pflanzen, Tiere, Mikroorganismen, gegen Sichtbares und Unsichtbares, Inkarnierte und Nichtinkarnierte. Vom Pfefferspray zu kybernetischen Belangen, stets auf der Flucht oder auf der Suche nach Gegenwehr. Im modernen, digitalen Leben scheint dieser Faktor dermaßen spezialisiert und überall vorhanden zu sein, dass die Schutz- und Angstrituale der ursprünglichen Erdbewohner gegen Blitz und Donner wie auch gegen den Zorn der Gottheiten weit übertroffen sind.

c) Andersartigkeit

Die Faszination, die das Gegenüber bietet zwischen Anziehung und Abwehr, zwischen Verschmelzung und Ausgrenzung, zwischen Integration und Ausrottung, scheint ein ewiges Thema für die Menschen als Individuum wie als Volk zu sein. Auf lang oder kurz gewinnt immer die Vermischung, die das ewige Streben nach der Einheit in sich birgt. Sich selbst sein und bleiben und gleichzeitig „Eine(r) von ihnen" zu sein. Ein Dilemma voll Reichtum sowie Schwankungen und Wellen der Evolution von der Sippe bis zur globalen Bandbreite. Unter dem Mikroskop sieht es aus wie die Zelle, die die fremde Zelle bekämpft, sich zurückzieht und abgrenzt, um sich irgendwann später für das Gegenüber doch zu interessieren. Dann folgen ein Umgrenzen und eine Annährung, die mit der Zeit ein Streben nach der Einheit weckt, und aus der Begegnung der Zwei etwas Neues entstehen lässt. So werden Kontakt, Kultur und Brücken geboren. So entfalten sich Kulturen in ihrer bunten Vielfältigkeit.

„Ich bin nicht wie die anderen", „Ich bin anders". Es stimmt wohl, denn die Fülle der Andersartigkeit ist die Grundabsicht hinter dem Austreten aus der kosmischen Einheit in die unzähligen Möglichkeiten der materiellen Existenz. Das Göttliche will sich in die unendliche Multiplizität des Daseins entfalten und erkennen. In sich stellt diese Bewegung die Triebkraft der Evolution dar. Sie ist nicht anzuhalten, sondern zu erforschen und bewusst mitzugestalten. Ganz individuell und im eigenen Tempo, mit Absicht und Achtsamkeit und nicht wie wir es tun durch Kriege, Abschottung oder völlige Auflösung in einem System, sei es Partnerschaft, Familie, Land, Nation oder globales Dorf mit einheitlicher Regierung, Wehrmacht, Polizei, religiöse Institution und Erziehung. Da werden die Einheit und die Individualität platt gemacht, überrollt, verschluckt und vernichtet.

Das Urbedürfnis die eigene Einheit aufrechtzuerhalten, ist mit unserem Überleben verbunden. Die Suche nach der eigenen Einheit ist stets bedroht aber auch angeregt durch die äußeren Impulse. Die Körperlichkeit, die einen übernimmt und übermannt. Die Sinneseindrücke, die zu aufdringlich sind -

Lärm, Stimmen, Sprachton und Tempo, Licht, Gerüche. Die physische Nähe, die die Aura übertritt. Die Blicke, die in die Privatsphäre hineindringen. Die Gedanken, die die Intimität und den Willen der mentalen Welt beeinflussen. Das Verbot, das die Kontemplation der Sphären einschränkt. Die letzte Verschmelzung der Seele mit der Unendlichkeit, die das physische und das materielle letztendlich ausschließt. Bis zum nächsten Atemzug, der sich wieder öffnet, erweitert, einschließt und aufnimmt. Um sich wieder zu verschließen, zu verengen und auszustoßen.

Das Urbedürfnis die eigene Identität immer wieder und tagtäglich zu klären, zu delimitieren, zu definieren, um zu wissen, wer man ist und es nach außen zu verkünden, wie die anderen es auch tun. Die Egos blühen auf und zeigen ihre Grenzen aber auch ihre Übergriffigkeit. Sie rufen ähnliche Spiele hervor, um sich irgendwann aufzuheben, wenn sie für Zusammenleben, Solidarität und Altruismus bereit sind. Gute Absichten vermischen sich mit Neugierde, invasiven Nettigkeiten, eindringlichen Einmischungen, die einem diktieren wollen, was für einen gut und stimmig ist. Hilfsbereitschaft mit Nebenwirkungen und dazu verknüpften Erwartungen und Bindungen bis zur Nötigung. Da ist alles andere als Bedingungslosigkeit und Nachsicht. Unerwünschte Hilfeleistungen, Kommentare, Meinungen und Rat-schläge. Alles andere als Respekt der Andersartigkeit und Eigenartigkeit des Gegenübers. Frontales Besserwissen und Grenzüber-schreitung kann man genauso frontal angehen. Die einwickelnden, ungefragten und unangekündigten meist süßen

– mit viel Zucker und unverhältnismäßigen Emotionen – Großzügigkeiten fühlen sich klebrig und bindend an. Dasselbe soll gerne erwidert werden, obwohl das unausgesprochen bleibt. Eine wundersame Beständigkeit und Eindringlichkeit in den Geschenken, in den Erinnerungen, in den Worten oder in Präsenz bleiben unausweichlich und unantastbar. Die Opferbereitschaft ist mindestens so großzügig, wie die Bereitschaft Geschenke und Nettigkeiten in die Welt zu verteilen. Dahinter steckt ein schreiendes Herz, das sich selbst nicht annimmt und den anderen darum bittet, das für ihn zu tun: „Schau, ich bin so liebenswert! Lieb mich doch. Ich bin doch so gut zu dir." Das ist ein Haben-wollen, das sich gewähren will, was ihm nicht zusteht. Oder ihm nicht verliehen wird, gerade deswegen, weil es ihm an Selbst-Liebe fehlt. Von innen heraus ist es das Sine Qua non des Lebens: Selbstachtung, Selbstrespekt, Selbstliebe. Oder Liebe zum Selbst, Würde und Achtsamkeit im Umgang mit dem Selbst.

Ich bin Ich und Du bist Du. Jedoch tragen wir so viel Gemeinsames durch unser menschliches Dasein, dass Du vielleicht mein Spiegel oder gar mein Inneres nach außen widerspiegelst. Mein inneres Ich im Äußeren. Und umgekehrt. Oder wiederum gerade was Du in mir nicht magst, bist Du in der Essenz. Und umgekehrt. Vielleicht bist Du gerade, was mich ergänzt und wonach ich mich schon ewig und vergeblich sehne, um wieder ganz zu sein? Das Göttliche in dir und in mir.

d) Selbstentfremdung

Dann gibt es die Entfremdung von sich selbst: das Selbst ist fremd vor lauter Identifikation mit der Außenwelt, mit Rollen und ephemeren Werten. Was Innen ist und was im Inneren abläuft, wird ignoriert, verdrängt und für unzugänglich betrachtet. Das ist wie ein ewiges von sich wegrennen. Es ist sehr anstrengend, denn das Selbst ist ewig und ständig anwesend und unzertrennlich mit wem und was wir sind. Was für ein Spannungszustand! Ist es nicht der Ursprung von allen inneren Zerrungen bis zu Konflikt und Dilemma. Dadurch entsteht ein Vakuum, eine innere Leere, die wiederum meint, gefüllt werden zu müssen. Daher der ganze Aktivismus, das Herumrennen, die ewige Suche und die Süchte nach Gegenständen, Beschäftigungen, Beziehungen und Zusammengehörigkeit aller Art. Überhaupt das Mangeldenken, denn man glaubt nichts zu sein oder gar zu haben und will und braucht ständig etwas, um den inneren nie zu sättigenden brachliegenden Abyss zu stopfen. Die Konsumgesellschaft kommt wie gerufen. Immer mehr und doch nie das Richtige und vor allem nie das Wahre.

Es gibt die Entfremdung vom Körper mit dem Mangel an Erdung, diesen ständigen Versuch, sich zu Verkörpern. Es gibt die unausweichlichen Versuchungen des Körpers, die als „Todsünden" aufgelistet stehen. Es gibt die Verdammung des irdischen Daseins öfter durch Religionen oder die Überbewertung des materiellen Lebens – nein, man lebt nicht nur einmal – Es gibt die Vernachlässigung des Körpers mit der

Entstehung von physischen Krankheiten und mit dem allgemeinen „sich nicht wohl im Körper fühlen". Im anderen Extrem gibt es die Verherrlichung des materiellen, grobstofflichen Körpers und seiner Erscheinung, wie er aussehen sollte, um angeblich gesehen und geliebt zu werden. Da spielt sich alles auf der Oberfläche ab, hat aber tiefe Wurzeln und Folgen.

Es gibt die Entfremdung von den Emotionen, von diesem hoch entwickelten, verfeinerten Rückmeldungssystem. Es dehnt sich von den höchsten Ebenen des Daseins der unsterblichen, grenzenlosen Seele bis zum großen rechten Zeh. Wie fühlt sich das alles an? Das Faszinierende dabei ist nicht nur das Fühlen selbst, sondern dessen Vielfalt und Differenziertheit und vielmehr, das Gewahrsein, sprich die Lenkung der Aufmerksamkeit, die die Wahrnehmungsprozesse registriert. Und schlussendlich, was die Vernunft, der Mind, daraus macht, welche Folgen daraus gezogen werden, die wiederum weiteres Erschaffen und Erfahrungen dieser Wirklichkeitsebene hervorrufen. Verweilen wir nun einen Augenblick lang mit dem Zwischenstadium des Fühlen-Denkens, dieser Brücke, die das Denken und die Gefühlsebene verbindet. Sie funktionieren manchmal so entgegengesetzt nach dem Motto: ich habe Lust oder mein Gefühl sagt mir dies oder das, aber die Vernunft diktiert mich, ich soll so sein oder mich so verhalten. Die Überbrückung zwischen beiden Aspekten hat eine gewisse Ähnlichkeit mit der Verbindung zwischen beiden Gehirnhälften. Die Vereinbarung von Fließendem und Strukturierendem, von Weite und Enge und weiteren Polaritäten, die uns eine kreative und erschaffende Spannung verleihen. Meistens wird man geworfen von einem Anteil in den anderen, woraus Konflikt entsteht. Die Lösung wäre die alchemistische Übereinstimmung der Elemente Wasser und Feuer, der Yin und Yang Aspekte, die Empfindung und der Wille, das Fühlende Sein im Dienst an das Ganze. In der weniger förderlichen Variante bringt das Feuer das Wasser zum Kochen oder das Wasser löscht das Feuer. Wo Feuer und Wasser harmonisch miteinandergebracht werden können, wird das Feuer das Wasser zur passenden Temperatur bringen. Darin kann sich das Leben entfalten sowie die gesunde Bewegung und die wohltuende Entspannung. In der Vernunft liegen die Prinzipien und die Werte des Menschen. Sie setzen die Prioritäten, die das Herz, das Gefühlsmäßige erfüllt und darin findet es Seelenfrieden. Bis zur nächsten Herausforderung, die das ganze wieder aufwühlt oder interessant macht: das ist wiederum eine Sache der Einstellung. Sie schafft den ruhenden Pol zwischen den Extremen (Vernunft und Gefühl) und auch zwischen den sich aufeinanderfolgenden Themen des Lebens, die immer wieder neu auftauchen. Die Entschleunigung oder überhaupt die Verweigerung, sich auf Stress einzulassen ruhen auf der stabilen Entscheidung zwischen Intellekt und Emotion eine gewisse Harmonie zu schaffen. Daher auch die Denkpause oder die empfohlene Gewohnheit die Zunge dreimal im Mund zu drehen, bevor man eine Antwort gibt oder wenn mehr Zeit notwendig ist, darüber zu schlafen.

Grundsätzlich werden wir dem Gefühlsmäßigen Platz schaffen – oder es wird es sich von vorne aneignen! Eine Gefühlswallung reagiert sofort. Dann werden wir zur Vernunft schalten und analysieren. Wir werden nach ethischen Gründen fragen, nach persönlichen und zeitlichen Prioritäten überlegen und zum Schluss die praktische Umsetzung unter die Lupe nehmen. Öfters geschehen diese Prozesse innerhalb von Sekunden. Für größere, lebenswichtige Entscheidungen wird meist mehr Zeit benötigt. Wobei der bessere Entschluss keineswegs von der Zeitspanne abhängig ist. Jedoch wollen wir nicht rein impulsiv agieren, oder doch? Wir haben alle erlebt, dass wir immer wieder zum ersten Eindruck oder zum ursprünglichen Entschluss zurückkehren, nachdem wir uns die ganze Palette angeschaut haben. „Das ist doch das erste, das mir ins Auge gesprungen ist" werden wir sagen. Klar, die Seele weiß, was sie will oder wo die Resonanz liegt. Auch berühmte Manager, die nicht unbedingt ihre Yin Seite entwickelt haben, geben offen zu, dass sie letztendlich ihre Entscheidungen intuitiv treffen.

Dann gibt es die Entfremdung der mentalen Kapazität, die uns als Mensch eigen ist. Durch entweder Mangel oder Überflutung von Daten und sinnlosen, belanglosen Informationen wird der Mensch dumm gemacht und gehalten. Den Rest macht er selbst, so dass seine selbstständigen Denkfähigkeiten unterbunden bleiben. Er sei ja kein Experte. Das ist auch ein besonders interessanter Faktor: dieses gegen sich Agieren. Früher wurde der Mensch in Unwissen gehalten. Jetzt wird das Gegenspiel mit verblüffendem Erfolg versucht. Der Köder wird gierig gebissen: wir wollen noch mehr vorgekaute Informationen und geben alles preis. Das macht das Denken so dumpf wie die fahle Haut der falsch, überernährten Person. Unklar, unscharf und voll Unreinheiten. Es wird nichts prozessiert, filtriert und Unrat ausgeschieden, denn die Denkfabrik ist überarbeitet. Früher war sie unterarbeitet und hatte nichts zu sieben. Das Ergebnis ist eine Fehlfunktion mit abstrusen mentalen Verwicklungen, die die Wahrheit verzerren oder wegschieben, anstatt klar und logisch zu denken. Die Wahrheit auszugrenzen oder sich von der Wahrheit abzugrenzen ist eine mentale Perversion. Eigentlich heißt sie Lüge oder Verfälschung, um sich selbst und andere in die Irre zu führen. Davon gibt es nur noch einen Schritt zur Manipulation der Denkfähigkeit: wir dürfen nicht daran glauben, was anders oder verboten ist oder was nicht bewiesen ist. Durch die Lenkung des Bewusstseins auf nur das, was sein darf, glaubt man, sich in einem sicheren Trakt zu bewegen. Mindestens kann man den Konsens bestätigen und mit allen einverstanden sein in einer einförmigen Realität, die todlangweilig und unkreativ ist. Aber alle tun, als ob es so fröhlich und interessant wäre. Alle sind damit einig, dass es so sein müsse. Gerade das sollte ein wacher Geist mit Intelligenz und klarem Denken hinterfragen und sprengen. Es gibt auch mentale Fähigkeiten, die hochgepuscht werden, weil sie von der Firma ausgenützt werden. Es handelt sich um das Anzapfen von Produktivität und den Erfindungsgeist zu rentablen Zwecken, nicht um freie, großzügige Kreativität für den Dienst aller.

Dann gibt es die Entfremdung der eigenen Spiritualität mit dem Schwerpunkt Identifikation mit der Physis, mit ein paar vorprogrammierten Emotionen und fremdgesteuerten Gedanken. Es bleibt für den reduzierten Zustand nur wenig

Kraft für die geistige Ebene und da wird man meistens wiederholen / weiterfolgen, was das Elternhaus geglaubt hat. Der geerbte Glaube sozusagen. Nicht nur das Getrenntsein der Einheit prägt die menschliche Unzulänglichkeit, sondern das Vergessen oder genauer ausgedrückt, die Unterdrückung unseres kosmischen, ewigen und grenzenlosen Ursprungs. Wir sind spirituelle Wesen mit universellen Verbindungen und Antennen. Unser Wesen besteht aus unsterblichen und endlosen Energien, nämlich aus Licht. Die Verwirrung und die Angst um den Sterbeprozess und den Tod jagen dem Menschen eine lebenslängliche Angst ein, anstatt ihn darüber zu informieren und darauf vorzubereiten. Das Gottes-Abbild wird zu verunsicherter Marionette reduziert, die sich vor jedem Schritt fürchtet und im Besonderen vor dem großen letzten, anstatt ihn bewusst zu gestalten in Übereinstimmung mit seiner göttlichen Herkunft.

Betrachten wir unser Leben als eine Station innerhalb einer Reihe von Leben mit Verknüpfungen zu vorigen und folgenden Inkarnationen, bringen wir mehr Einsicht, Weitsicht, Weisheit und Ethik mit. Manche werden dadurch toleranter, andere werden höhere Ansprüche an sich und die Menschheit stellen. Diese Erwartungen an uns ruhen auf den eingeschränkten Fortschritten, die der Mensch geschafft hat. Die Technik schreitet rasant voran. Hingegen wird das Spirituelle im Menschen unterfordert. In der modernen Gesellschaft gib es keinen Platz für das Spirituelle Wesen frei von Institutionen. Doch, es wird von „einem Glauben" gesprochen, wo ich eine Einheit sehe mit unzähligen Varianten und so unterschiedliche

Glaubensrichtungen wie es Menschen gibt. Oder hat jemand schon ein Gerät entworfen, um den Glauben zu messen und zu wiegen? Die Inquisition hatte wohl abergläubische Maßstäbe auf perversen gesetzlichen Richtlinien entworfen. Ausrottung von Andersartigkeit und Andersgläubigen war ihr Ziel und Zweck. Das waren die Kreuzzüge, die Religionskriege und vor allem die Hexenjagd. International und über Jahrzehnte. Weiterhin wehen ähnliche Strömungen an verschiedenen Zeiten und Orten der Welt.

e) Abgrenzung und Angriff

Dann irgendwann ist es notwendig sich abzugrenzen, von den Leuten und Maßnahmen, die sich selbst so gut angrenzen, dass sie Abgrenzung mit Angriff verwechseln. In der Tat kann der Prozess der Abgrenzung teilweise als aggressiv betrachtet werden. Die Überbesorgtheit, die Übertretung, die Überflutung und weitere Grenzüberschreitungen müssen sogar abge-schüttelt werden und auf Abstand gehalten werden. Manchmal bedeutet es einen echten Kraftakt, sei es gegen zu viel „gut Gemeintes", gegen übergriffige Richtlinien aller Art sowie gegen regelrechte Eingriffe von außen, die alle bekehren wollen - zu was auch immer.

Es gibt viele verschiedene Institutionen in allen Richtungen. Ihre Gemeinsamkeit liegt in ihrer Rechtfertigung das Gute, das Richtige, das Wahre, das Normale mit blinder Wahrheit für alle zu vertreten. Von Familiengewalt zur Staatsgewalt. Sie haben alle recht und erlauben sich, das Individuum zu ersticken. Die einen mit Emotionalität, der andere mit dem Gewalt-Monopol.

„Für dein Wohlergehen, für deine Sicherheit" ist ihr Motto. „Gegen meine Freiheit, meine Selbstbestimmung, meine Wahrheit, mein Credo" könnte man erwidern.

Zu viel Süßes wird klebrig und erstickt die Wahrheit. Alles, was versteckt ist, was nie ausgedrückt wird, was unter den Teppich gekehrt wird, bis es ans Licht kommt. Unerwartet wie ein Schwall oder ein Vulkan. Um das Gleichgewicht wiederherzustellen. Familiengewalt ist auch ein brennendes Thema entweder als mehr oder weniger übergriffiger Umgang oder als Ehrenmord. Was hat es mit der familiären Geborgenheit zu tun? Das Zuckersüße, die erstickende Liebe gehören auch nicht dazu. Schuld- oder Minderwertigkeitsgefühle stehen öfters im Hintergrund dieser übermäßigen Beschäftigung mit Nettigkeiten. Es gibt viele Missverständnisse über die Fähigkeit Liebe zu geben und Liebe zu empfangen. Auch da herrscht ein Konsensus, wie man sich zueinander zu verhalten hat. Allgemeine Erwartungen entsprechen nicht unbedingt den jeweiligen Bedürfnissen. Übergriffige, unerwünschte Nähe, Großzügigkeit oder berechnende Erwartungen stellen einen derartigen emotionellen Druck dar, dass man davon nur fliehen kann. Wenigstens ist es die friedliche Version.

Darüber hinaus sind invasive Medizin, invasive Gesetze und ähnliche Maßnahmen, invasive Ideologie und Werbung gefährlichen Viren vergleichbar, die stets an der gesunden Freiheit und an selbstentfaltender Eigenbestimmung nagen. Sich davon abzugrenzen wird zur Überlebenskunst, die sich vor dem einen oder dem anderen gut gemeinten Angriff immer wieder ducken muss. Wer der engen Formatierung entgehen will, und seine eigenen Antennen ausstrecken will, muss sich seiner eigenen Kraft und seines unsterblichen Aspekts wirklich bewusst sein. Dafür muss man wissen aus dem Bauch, fühlen aus dem Herzen und denken aus der höheren Kognition, dass man ein ewiges, unendliches spirituelles Wesen ist. Die invasive Medizin verachtet sogleich die natürlichen Heilprozesse des Körpers wie die traditionellen und neuen Heilmethoden, die zusammen mit den Gesetzmäßigkeiten des Gleichgewichtes die Wiederherstellung der ursprünglichen Ordnung mitein-beziehen. Häufig ist sie auch so übergriffig, dass sie auch noch den Willen und die Entscheidung des Patienten überrumpelt. Dadurch verletzt sie auch den freien Willen. Manchmal wird auch Druck, Erpressung, Bedrohung (Der Klient würde keine Hilfe erhalten) oder Zwang verwendet. Das ist unethisch im juristischen sowie im moralischen Sinne.

Wenn wir uns bestimmte Strukturen anschauen, die auf Macht und Zwang basiert sind, merken wir, dass sie in Ihrem Konstrukt wie eine Nachahmung von echten, natürlichen, universellen Gesetzen aufgebaut sind. Die Elemente, die allen gehören, werden in zivilisierten Portionen ausgehändigt. Dafür kosten sie eine Menge. Und sie sind nicht allen zugänglich. Auch die Freiheit kostet etwas. Das ist ein mafiöses System: ich schütze dich. Dafür verlange ich so viel. Wenn Du nicht zustimmst, gibt es für dich keine Freiheit, sprich keine Sicherheit und Selbstbestimmung. Dagegen schütze ich dich wohl.

Es ist eine Kunst aus Bedürfnislosigkeit ein Bedürfnis, eine Sucht entwickeln zu lassen. Das ist die Kunst der Manipulation, des Freiheitsraubes, der Unterdrückung. Wer möchte mitmachen? Denn das Spiel funktioniert nur durch das Mitmachen: dadurch, dass ich die Schwächung meiner gesunden Grenzen zulasse, dadurch dass ich meine Kraft und Macht bezweifle, dadurch dass ich auf meine göttliche Herkunft und Integrität verzichte. Es ist ein Spiel zu zweit, das Verharmlosung und Gruppenzwang als Methodik ohne andere Wahl aufdrückt und erzwingt.

Natürlich ist die Nachahmung dem Originalen immer minderwertig. Denn die ursprüngliche Ordnung und die universelle Perfektion sind nicht nachahmbar. Die Nachahmung ist Teil der Illusion und der verzerrten Welt. Wer möchte ein verzerrtes Leben führen, das dem Einklang mit der höchsten Kraft ausweicht? Wer wählt den Weg der Entropie, des Schmerzes, der Lüge, der Gewalt, der Angst, der Wertlosigkeit, der Täuschung? Wie fühlt sich das an? Wie wird es sich anfühlen, wenn das Licht darauf scheint und alles enthüllt, als das, was es wirklich ist?

Das muss jeder für sich früher oder später verantworten können – hier oder im Jenseits in Übereinstimmung mit seiner Seele.

8. ERLEUCHTETE UND EXPANDIERTE VARIANTEN

a) Variantenräume
b) Freiheit und Bedingungslosigkeit
c) Der freie Wille
d) Unterscheidungsfähigkeit und Wahl
e) Sichtbares und Unsichtbares
f) Die ständige Suche nach Gleichgewicht
g) Evolution und Revolution
h) Schlussbetrachtung

a) Variantenräume

Es scheint, als ob wir in einer Welt leben, wo Abhängigkeit (bis zur Co-Abhängigkeit), Verminderung der menschlichen Fähigkeiten, Erniedrigung der menschlichen Würde und Souveränität, Machtspiele und Angst sowie ein Kampf gegen die Lebendigkeit. manchmal herrschen würden. Die Wenigsten hinterfragen diese Programme, die jede Art des Daseins prägen wie zwischenmenschliche Beziehungen, Wirtschaft, Erziehung, Religionen, sowie das Gros der sozialen und gesellschaftlichen Interaktionen. Egoistische, kontrollsüchtige, defensive Züge, Mangel an Vertrauen, Vergleich und Überheblichkeit, Schlauheit, Feigheit, Unterwürfigkeit und ihr Gegenpol Dominanz infiltrieren jeden Austausch in unterschiedlichen Graden. Z.B wie wir unsere Wohnungstür absperren, unsere Mitmenschen anschauen, die Lebenskraft unseres Tieres unterdrücken, den anderen übertrumpfen wollen, uns verteidigen und rechtfertigen, Todesangst, Mangeldenken, Materialismus. Emotionen wie Rache, Neid, Eifersucht, Besserwissen, Kontrollsucht.

Der Mensch hat seine Macht und Kraft abgegeben und verharrt in Naivität, Leichtgläubigkeit und Unterwürfigkeit. Das System fördert diese Haltung. Es fehlt ihm an Gewahrsein für seine spirituelle Natur und Herkunft, für seinen wahren unendlichen und grenzenlosen Kern. Er wird zu einer materiellen Ansammlung von Knochen, Fleisch, manipulierbaren Verhalten und vorhersehbaren und abrufbaren emotionellen Reaktionen sowie abstrakten Daten reduziert. Er wird immer mehr zum Roboter gemacht.

Dieses System, das manche die Matrix nennen, ist eine Simulation, eine Nachahmung von der echten göttlichen Wirklichkeit, die die höhere, ursprüngliche Ordnung darstellt. Durchschauen wir die Mechanismen der Matrix, verbinden wir uns wieder mit der Sprache des Lichtes und der Liebe.

Mit erleuchteten Varianten meine ich diejenigen, die in den parallelen ätherischen Welten in expandierten Varianten-räumen schon existieren. Sie sind vorhanden aus dem selbst-verständlichen Grund, dass wir sie durch unsere Vorstellungs-kraft, unsere Visionen und Streben hervorrufen. Die Expansion bezieht sich auf die Fähigkeit ein erweitertes Gewahrsein zu pflegen und uns eine heile Welt zu erschaffen. Jetzt ist die Zeit dafür reif!

b) Freiheit und Bedingungslosigkeit

Seit Urzeiten ist etwas verloren gegangen, das eine offene Wunde hinterlässt sowie eine Art ständige Suche und Sucht verursacht. Dadurch ist die höchste Freiheit in Vergessenheit geraten, nämlich die Selbstbestimmung im Einklang mit der eigenen Seele. Rufen wir unsere innewohnende Freiheit hervor! Dank ihr sind wir imstande eine Wahl zu treffen und zu entscheiden, was und wie wir leben wollen. Somit meine ich die Unabhängigkeit von äußeren Konditionen wie Mitmenschen, Klima, feste Nahrung, Geld, Emotionen, Ziele, Gelegenheit, Gesellschaft, Zeit und Raum. Es ist, als ob unendliche Reihen von Konditionen oder deren Mangel unsere Souveränität überholt hätte und unser Dasein bestimmen würde.

Hier einige einfache Beispiele:

Ich bin traurig, weil es schlechtes Wetter ist.

Wenn ich genug Geld habe, bin ich glücklich.

Ohne dich kann ich nicht leben.

Ich zahle meine Steuer, damit ich nicht im Gefängnis lande.

Wenn ich pensioniert bin, mache ich endlich, was ich will.

Wenn ich nach Amerika auswandere, werde ich ein neues Leben anfangen.

Ich tue das, damit mich alle mögen.

Würde ich gut schreiben, könnte ich viele Bücher verkaufen.

In dieser Art der Interaktion, ist nichts bedingungslos oder „an und für sich".

Dieser Kontext setzt die äußere Motivation voraus, so dass alles die Auswirkung einer Kondition ist.

Das Gegenteil unterstreicht die innere und freie Motivation und würde wie folgend klingen:

Ich bin glücklich, ob schönes oder schlechtes Wetter.

Ich bin zufrieden mit viel oder mit wenig Geld.

Ich lebe mein Leben, auch gerne mit dir.

Ich zahle Steuer freiwillig oder verdiene so wenig, dass ich nicht dazu beitragen muss.

Ich mache, was ich will im Hier und Jetzt.

Ich fange ein neues Leben an, gerade hier wo ich bin.

Ich verkaufe viele Bücher, die aktuelle Themen ansprechen.

Die Absicht, sich wohl und frei zu fühlen, wird aus der inneren Entscheidung angeregt. Die Freiheit entsteht aus der individuellen Motivation und aus der Wahl grenzenlos frei zu sein, so wie wir in der Essenz sind. Das heißt frei von karmischen Bindungen und Verstrickungen, frei von inneren und äußeren Zwängen, sowie von überholten Mustern und Masken. Jene Freiheit, mit der man neue Perspektiven gewinnt und Neues erschafft im Einklang mit dem Höchsten Gut. Diese Freiheit, die man sich selbst nimmt, ist immer mit Selbst-Verantwortung gekoppelt. Ich meine die Freiheit zu sich zu stehen und die Verpflichtung eins mit sich zu sein: integer und authentisch. Die Freiheit ein Leben zu führen, das im Einklang mit der Seele steht. Sich selbst treu zu bleiben und kompromisslos danach zu leben, richtet die ganze Menschheit auf. Es geht hier um eine ganz besondere Beziehung zu der eigenen Wahrheit und Stimmigkeit – unabhängig davon was die anderen denken oder mögen.

Irgendwann in der Antike hat sich ein engmaschiges Netz über die Menschheit gelegt und hält sie auf eine unsichtbare Weise fest. „Niemand ist mehr Sklave als der, der sich für frei hält, ohne es zu sein" schrieb Goethe.

Immer wieder versucht der Mensch diese Freiheit einzufangen und zu retten. Er gibt sich schnell zufrieden mit den Kleinigkeiten des Alltags. Jedoch stets auf den Mikrokosmos fokussiert, verliert man den Blick für den Makrokosmos und dessen Zusammenhänge. Denn das Kleine ist im Großen enthalten und umgekehrt.

Freiheit bedeutet keineswegs Ungebundenheit, auch wenn sie sich auf keine Bindung einlässt. Freiwillige Verbundenheit und Loyalität gehören zu souveränen Interaktionen zwischen Menschen. Verinnerlichte Aufrichtigkeit im Dienst an die Allgemeinheit verbindet die Menschen untereinander und mit allen anderen Wesen des Kosmos.

c) Der freie Wille

Der freie Wille stellt den polaren Aspekt zu den kosmischen Gesetzen dar. Auch wenn der freie Wille dazu gehört, beinhaltet er implizit die Freiheit, die Regeln zu brechen. Aus der unendlichen Freiheit entsteht die Wahl den Urgesetzen zu folgen oder nicht. Somit ist durch sie die höchste Ausübung der menschlichen Souveränität erreicht. Auf der Erde verfügt kein anderes Wesen als der Mensch über diese Eigenverantwortung in so einem großen Umfang.

Der freie Wille mit der Möglichkeit sich den universellen Gesetzen zu stellen und sie freiwillig zu verinnerlichen, ist das größte Geschenk an die Menschheit. Sogar sein höchstes Gut. Damit kann er Entscheidungen treffen und seine Evolution selber gestalten. Damit kann er aus freiem Stück entdecken, dass seine höchste Erfüllung in dem Einklang zwischen seinem freien Willen und dem Höchsten Gut liegt.

Die Übereinstimmung zwischen den Regeln im Kosmos und dem persönlichen Willen wird durch die innere Kommunikation vermittelt in Form von Intuition, Körper-Botschaften, Einsichten, Emotionen und Synchronizität. Es liegt an uns diese Reaktionen zu beobachten und zu registrieren. Gefühle und Eindrücke liefern eine zuverlässige Rückmeldung über die Übereinstimmung zwischen unserer Persönlichkeit und unserem Seelenweg. Je harmonischer die Empfindungen, je mehr Zufriedenheit, desto stimmiger ist der Einklang mit unserem Wesen. Dann fließt die Inspiration mit ihren

Eingebungen und Lösungen und wir sind empfänglich für eine kraftvolle innere Führung.

Der freie Wille als höchstes Gut? Warum wird er so wenig geachtet? Sowohl von den Menschen selbst so wie von den Menschen untereinander? Ist der freie Wille das große Geheimnis, der sakrale Kelch, wonach jeder strebt? Unwissend und ahnungslos, dass die Orientierung gerade da in einem selbst schlummert in Form des Gewissens und der innewohnenden Stimmigkeit. Sie warten darauf aktiviert zu werden, damit der Mensch als Leuchtturm in der Dunkelheit anfängt zu strahlen.

Der freie Wille fungiert als Verbindungsstück zwischen der Überseele und dem persönlichen Willen. Je mehr Übereinstimmung zwischen beiden, desto mehr Erfüllung auf allen Ebenen ist vorhanden.

Aus dieser Perspektive ist dieses Streben das Höchste und Beständigste des Lebens. Es stellt sich hier die Frage: wie zufrieden mit unserer Existenz sind wir? Der Grad der Ausgewogenheit, der Gesundheit wirkt als Spiegel der Stimmigkeit zwischen dem kleinen und dem höheren Willen. Einfacher und nach Maß geschnitten kann der Test nicht sein. Jedem, immer, überall und gratis zugänglich!

Das Fördern der inneren Stimmigkeit zwischen dem freien Willen und dem Ego Willen ist der 1. Schritt zum Einklang mit sich. Der zweite Schritt ist der Umgang mit dem freien Willen unserer Mitmenschen. Die menschliche Würde ist Teil der internationalen Grundrechte. Das heißt der freie Wille jedes Menschen soll gewürdigt, respektiert, geachtet werden. Im Gegenteil herrscht eine manipulative Umgangsart, darauf erpicht die anderen zu kontrollieren, zu beeinflussen und am liebsten zu dominieren. Häufig unter dem Deckmantel des Schutzes, des Besserwissens lauert die übergriffige Absicht, sich in das Leben des anderen einzumischen und es zu steuern.

Spirituell betrachtet ist der Respekt des freien Willens sehr hoch angesiedelt. Die Nichtbeachtung der Selbstbestimmung des Gegenübers ist mit karmischer Bürde verknüpft, besonders wenn seine Entwicklung beeinträchtigt ist. Hingegen trägt jede Geste, die unsere Mitmenschen auf ihrem Weg verschönert oder weiterhilft, zur natürlichen Ordnung bei. Durch Solidarität oder Empathie werden beide Existenzen auf der Spirale der Evolution vorangetrieben. Selbstverständlich soll das Hilfe empfangen und Hilfe leisten in Übereinstimmung mit dem freien Willen von beiden Parteien geschehen. Nur unter diesen Umständen können beide profitieren.

Die Verachtung des freien Willens anderer Menschen ruft karmische Folgen hervor, denn sie überschreitet die moralischen Grenzen des Gegenübers. Machtausübung, Zwang, Erpressung durch Angst und unverhältnismäßige Verletzungen der Limits von Individuen, Gruppen, Völkern und Nationen stellen schwerwiegende Verbrechen an der Menschlichkeit dar.

Die moderne Fernsteuerung des Menschen geschieht eher auf eine subtile, latente Weise: Werbung. Propaganda, psychologische Manipulation beeinträchtigen ihre freie Wahl. Und der moderne Mensch gibt sie so gerne ab! Laut dem Motto „Hier klicken" oder „Da klicken" ist eins und dasselbe, schon für dich entschieden, Schluss mit der Selbstbestimmung: praktisch, zeitsparend, flexibel bis zur Immoralität. Na toll, finden die Meisten: „Man muss sich nicht mit der Wahl quälen! Klick, klick und gleich fällt das Paradies von der Decke. Hauptsache, man braucht nicht einmal zu denken, suchen, hinterfragen, analysieren, hineinfühlen, unterscheiden, entscheiden, Verantwortung übernehmen. Es wird alles für uns gedacht, getan und bewilligt – gratis noch dazu! Wenn wir auf diesen wichtigen Schritt verzichten und unsere Macht und Kraft aufgeben, vernachlässigen wir eine wichtige Wachstumsmöglichkeit, die zur Reifung der individuellen Seele sowie der kollektiven Überseele beiträgt.

In einer solchen Situation hat der Mensch seine ethischen, moralischen Rechte ungenügend anerkannt und geschützt. Er ist der fremden Macht durch mangelnde Selbstachtung ausgeliefert. Er verkauft seine Seele an den Teufel. Für ein paar materielle, ephemere Vorteile opfert er seine Freiheit, seinen freien Willen und seine Selbstbestimmung auf. Der Verlust wird verharmlost. Jedoch vertreten sie die Werte unserer unsterblichen Seele und sind Teile der höheren Aspekte, die wir in den kommenden Inkarnationen mit übernehmen.

d) Unterscheidungsfähigkeit und Wahl

Die Wahl fällt einem recht leicht, wenn man sich auf die Übereinstimmung mit der Seele ausrichtet. Die eigene Seele – an dieser Stelle nenne ich sie auch höheres Selbst – ist Teil der Überseele dieser Welt. Die letztere ist eine Ansammlung an menschlichem Streben aus Vergangenheit, Gegenwart und Zukunft. Durch unsere bewusste Ausrichtung tragen wir dazu bei und „färben sie" mit unserer Vision: was wir wirklich leben wollen einzeln sowie kollektiv. Da zählt jede Vorstellung zusammen mit den zusammenhängenden Emotionen, ob bewusst oder unbewusst.

Deshalb ist es unentbehrlich, die Wichtigkeit unserer freien Wahl zu betonen: wo wir unsere Grenzen setzen, worauf wir unseren Fokus legen und wie wir uns positionieren. Wir tragen die Verantwortung, Energie, Information, Handlungen, Lebensweisen zu sieben, abzuwägen, auszuscheiden, zu klären, neue zu definieren und so weiter. Es gibt nur eine Regel und nur eine Grenze: der Einklang mit unserer höheren Führung. Gefühle, Körper-Reaktionen, Intuition, Energiefluss, Zufälle spiegeln uns die vorhandene Übereinstimmung oder nicht.

Die Wahl ist der Ausdruck unserer inneren Freiheit, den Blick über mehrere Möglichkeiten schweifen zu lassen. Hier geht es um die Eigenständigkeit, die Lösungen abzurufen und zu trennen und einzuteilen. Ich meine auch diejenigen, die noch nicht (ganz) manifestiert sind, also unser Streben. Unsere Träume haben keine Grenzen. Und aus dem Unendlichen haben wir die Wahl getroffen hierher auf die Erde zu kommen, um unseren Beitrag zu leisten. Die Wahlmöglichkeiten sind immer breiter als sie uns erscheinen. Deshalb lassen wir uns von unserer höheren Weisheit leiten.

Das Prinzip der Resonanz bündelt ähnliche Schwingungen zusammen: alles stimmt und kommt zusammen, um exponentiell zu wachsen. Zum Wachstum gehören Verbesserungen, Verfeinerungen und Differenzierung aber auch Erweiterung und Bereicherung.

Bewusst lenken wir unsere Aufmerksamkeit auf die Existenz, die wir leben wollen. Unsere Dankbarkeit vervielfältigt es. Unsere gedankliche und gefühlsmäßige Ausrichtung ist ein potentes erschaffendes Werkzeug. Was wir bevorzugen, wird durch die schöpferische Kraft intensiviert bis zur Manifestation. Der schöpferische Akt in der Kreation und im Menschen ist identisch. Was für eine Ehre! Was für eine Gnade!

Eine Wahl zu treffen schließt nicht unbedingt andere Möglichkeiten aus, denn sie existieren weiterhin im Universum. Der Mensch lässt aber das Licht seines Bewusstseins auf eine bestimmte, erwünschte Variante. Somit ist er Schöpfer. Diese Schöpfertätigkeit kann bewusst oder unbewusst erfolgen, mit oder ohne Freude, mit oder ohne Klarheit. Das sollen wir begreifen und verinnerlichen.

Daher sind wir in unserer Gleichwertigkeit alle verantwortlich. Deshalb gehören wir alle auf die gleiche Augenhöhe, denn alle Teile des Puzzles sind für die Gesamtheit unentbehrlich.

Für das Puzzlestück gibt es nur eine Lösung: es passt sonst nirgendwo anders. Bevor wir den richtigen Platz dafür gefunden haben, mögen wir viele Alternativen probieren. Das ist, was wir tun, wenn wir und bei unseren Mitmenschen erkundigen, wenn wir Daten dafür und dagegen sammeln. Alles gut und schön. Aber es gibt nur eine Passform, die gilt und stimmt. Wenn sie entdeckt oder erreicht wird, herrschen Ruhe, Zufriedenheit, Harmonie, Ordnung in und um uns herum.

Die Lösung liegt also in einer reinen individuellen, subjektiven und egoistischen Entscheidung. Lebe ich im Einklang, ist die gefundene Lösung nicht nur für mich stimmig, sondern für das Allgemeine gut. Das Puzzlestück liegt richtig – für alle.

Unsere grundsätzliche Verantwortung liegt in der Übereinstimmung zwischen ausführender Persönlichkeit und Seele, sprich Überseele. Eigentlich ist es einfach und löscht unnötige Argumente und Einmischungen ins Leben von anderen Menschen. Macht und Dominanz werden gleich ausgeschaltet, denn wir sind die Herrscher der eigenen Welt. Selbstbestimmt. Parallel entdecken wir die Quelle der Kraft, der Inspiration, des ursprünglichen Lichts und Liebe. Das Anzapfen der Quelle macht immer freier und unabhängiger. Wenige „Dinge" werden außen gesucht. Und diejenigen, die uns „zufallen", sind umso stimmiger. Unsere zwischen-menschlichen Beziehungen sind harmonischer und erfüllender frei von Wettbewerb und Machtkämpfen. Dafür gibt es keinen Platz, denn alles ergänzt sich wie ein Uhrwerk. Wir freuen uns über die Begabungen und Erfolge anderer, die wir teilen in einem natürlichen Geben und Nehmen. Durch die inne-wohnende Resonanz besteht ein gemeinsames Einverständnis, das auf gutes Gelingen für alle strebt.

Gerade weil jede Zelle des Organismus gesund durch den Einklang mit ihrer Natur und Funktion ist, fließt die Lebenskraft unter den Zellen und die Gesamtheit gedeiht. Jede Zelle ist verantwortlich für ihre Frequenz: ist sie hoch und stimmig profitiert sie unmittelbar von der Harmonie wie alle anderen Teilaspekte des Puzzlebildes. Das gilt auf allen Ebenen: in der Wirtschaft, im gesunden Körper, in der Wissenschaft, in den Austauschmöglichkeiten mit unseren Mitmenschen sowie mit anderen Dimensionen.

Noch ein letztes Wort. Das Streben nach Einklang mit der Quelle wird immer von der Existenz unterstützt. Die Natur sucht immer wieder nach Heilung, nach Ausrichtung mit dem höchsten Gut. Auch wenn dieses wie eine „Krankheit" aussieht. Die Symptome sind die Sprache des Körpers oder Hilferufe in ihrer Suche nach Gleichgewicht. Sich in die Harmonie immer wieder einpendeln ist die Aufgabe der Aufrechterhaltung des Lebens.

e) Sichtbares und Unsichtbares

In einer Welt des expandierten Gewahrseins gehören die Polaritäten zu der Einheit. Der Mensch weiß um seiner mystischen, unsichtbaren Herkunft. Sie ist in seinem Alltag als inkarniertes Wesen auf der Manifestationsebene integriert. Es ist ihm sogar bewusst, dass sein spiritueller Anteil größer und beständiger ist als sein ephemerer physischer Aspekt. Beide nähren und bereichern sich einander. Darüber hinaus sind sie mit allem Lebendigen verbunden und nehmen am großen Ganzen teil. Wer will da überlegen oder besser, reicher sein? Wer hat da etwas zu beweisen? Wie flüchtig oder irrelevant!

Jawohl, du kannst gerne eine Rolle übernehmen, wenn es der Gesamtheit dient: Die Aufgabe, die Du erfüllst, erfüllt dich auch in deiner Ganzheit. Du bist dafür begabt. Dein Talent macht dich glücklich, denn was man gut kann, macht man gerne. Dein Talent hilft anderen und bringt sie voran auf ihrem Weg. Aber auch dein Dienst am anderen bringt dich in deiner Evolution weiter. Es funktioniert auf geniale Weise, wo alles sich ergänzt in Zufriedenheit und Fülle. Die freie Energie fließt. Die Lebenskraft fließt und alles gedeiht. Es ist kein Mangel und kein Neid. Wir sind alle Diener der großen lebendigen Kraft, die in und durch uns fließt.

Deine Rolle spielst du mit Ehre und Perfektion, wie du auch die Rollen deiner Protagonisten ehrst und respektiert. Die Figuren auf der Bühne sind vorübergehend da. Sie sollen jedoch stets ihr Bestes geben. Denn auch der Augenblick ist im Dienst an die Ewigkeit.

Deinem Gegenüber begegnest du als wertvolles, gleichwertiges Spiegelbild deines Selbst. Somit ist die Achtung seines freien Willens sowie seiner persönlichen Grenzen selbstverständlich. Auch wenn wenig Resonanz vorhanden ist, herrscht Grundrespekt, Empathie und Rücksicht für diese Person.

Diese Eigenschaften bringst Du erst hervor, wenn Du zuerst Deiner Person mit Achtsamkeit und mit dem Gewahrsein eines innewohnenden höheren Aspekts begegnest. Dieses Bewusstsein geht noch weiter hinaus als die Liebe zum Selbst oder sich selber annehmen. Es bezieht sich auf die Erinnerung an unsere wahre Essenz, bevor sie von den sogenannten Göttern verblendet, verunglimpft und ihrer Ewigkeit beraubt worden ist.

Und im Nu ist der ewige Mitschöpfer blind gemacht und seine Weltbetrachtung mit Scheuklappen besetzt. Er dreht sich im Kreis der karmischen Polaritäten in den 3 ersten Chakren gefangen: Überleben, Fortpflanzung und Ego-Machtspiele. Seine Ängste und Zweifel nähren die unersättlichen Schatten bis zum Tag wo der Mensch einen Glimmer von Unendlichkeit ahnt und seine Macht und Kraft zu sich wieder herholt und den Tod als Teil des Lebens nicht mehr fürchtet. Dafür muss er aber intelligente Verbindungen herstellen. „Connect the dots" wie David Icke sagt. Seine Aufmerksamkeit vertieft sich und er entdeckt seine Freiheit und seine Verantwortung wieder. Der Fluss des Gewahrseins durchleuchtet die alten Lügen und die unnötigen sich wiederholenden Spiele: die Muster und die Mechanismen werden durchschaut. Das Licht des Bewusstseins macht sie irrelevant, machtlos. Der überholte Aberglaube der Macht, des Wettbewerbs, der Unterdrückung und der Unterwürfigkeit wird vom Licht der Wahrheit zersetzt wie von einem Laser. Der Bick ist klar und frei von Ängsten und Machenschaften. Vielleicht erklingt das laute Lachen der

Schöpfung durch den Kosmos und weckt neue Welten auf: „Jetzt reicht es! Der göttliche Mensch ist wiedergeboren!"

Es ist so weit und so lange in eine Richtung gegangen, bis die Menschheit nun bereit ist für höhere Werte:

Es ist nicht notwendig mit Schmerzen zu gebären. Sanftes Gebären, achtsames geboren sein und sanftes Hinübergehen in die unsichtbaren Ebenen ist natürlich.

Männer sind Frauen nicht überlegen. Umgekehrt auch nicht, sondern sie wie alles andere ist geschaffen, um sich auf vielen verschiedenen Ebenen zu ergänzen.

Intellekt ist nicht besser als Körper. Das eine ohne das andere gibt es nicht: die Intelligenz der Zellen durchflutet das gesamte Wesen.

Es gibt keinen Platz für Neid, Gier oder Mangel: das Universum ist Fülle und jeder bekommt, was ihm zusteht, nicht mehr nicht weniger, vorausgesetzt, dass der Zugang zum kosmischen Wesen im Inneren vorhanden ist.

Lieber Leser, liebe Leserin der neuen Zeit: bitte vervollständige die Liste aus deiner Perspektive! Danke für deinen Beitrag zu den erleuchteten Varianten!

Kehre jedoch wieder zu dir, denn mit dir fängt es an und bei dir hört es auf. Die Kontrolle und die Veränderungen deiner Existenz, deine Grenzen und deren Erweiterungen sind deine Hauptaufgabe. Stell dir vor: Du muss nicht mehr über andere entscheiden oder urteilen, weil du sowieso keine Ahnung über ihre Lebensbestimmung, Lebenssinn und Aufgabe hast. Darüber hinaus dürfte dich die Beschäftigung mit den eigenen Themen so erfüllen, dass du dich auf die Übereinstimmung zwischen deiner Persönlichkeit (das Sichtbare in dir) und deiner Seele bzw. der Überseele dieser Welt konzentrierst. Keine Einmischung, keine Besserwisserei, kein Befehlen und Herrschen über andere, keine Manipulation nötig. Nun ist es Zeit für die verantwortungsvolle Eigenständigkeit von jedem. Jeder für sich und gemeinsam wie die Zellen des Korallenriffs. Die Schwarmintelligenz, die höhere Führung gestalten die Ganzheit in einer überlegenen Lösung, die alles übertrifft, was sich die linke Gehirnhemisphäre vorstellen kann. Das Ganze ist mehr als die Teile. Die Kreativität zeichnet neue Lösungswege. Alles wird einfacher. Jeder hat den direkten Zugang zum Göttlichen im Inneren.

Die persönliche Verbindung zur Quelle setzt Vampirismus, Diebstahl und Abhängigkeit außer Kraft. Wieso die Lebenskraft von anderen plündern, wenn man selber die Kraft, die Imagination, die Freude, die Nahrung (geistig oder materiell) empfangen kann. Das mafiöse System ist vorbei. Keine Verzerrung notwendig: Luft, Leben, Liebe, Zeit in kleinen Scheiben verkaufen, in willkürliche Einheiten einteilen. Es ist wohl überholt und gegenstandlos, wenn jeder den innewohnenden Zugang zur Unendlichkeit und Grenzenlosigkeit wieder entdeckt. Es ist nicht mehr notwendig, sich an das Gegenüber anzudocken für Stoff (was es auch sein mag: Geld, Kraft, Arbeit, Sex, Aufmerksamkeit, Liebe,

Verständnis, Respekt, Bewunderung u.s.w.). Die grenzlose Quelle beinhaltet alles. Der achtsame Umgang damit ermöglicht ein respektvolles und rücksichtvolles Miteinander in einer echten Interdependenz. Das Geben und das Nehmen ergänzen sich und balancieren sich einander wie der Atem des Lebens. Alles ist ein und aus, ein ewiger Austausch von Frequenzen bis zu den kosmischen Strahlen, die uns am Leben halten (Sonne, Mond und Planeten). Hören wir auf, immer etwas vom anderen zu wollen oder zu erwarten: er ist nicht für mein Glück oder Unglück zuständig. Ich nehme das Ganze in die Hand, was mir am Leben zusteht.

„Frei unter Freien" (Bakhunin). So wollen wir uns begegnen, beschenken und ergänzen immer im Respekt der persönlichen und andersartigen Limits. Wenn einer sich befreit, öffnet er die Tore zur Freiheit für seine Mitmenschen. Befreiung durch Bewusstsein ist kein egoistisches Gelingen, sondern immer eine geteilte Freude und Aufgabe durch die morphogenetischen Felder, die uns miteinander jenseits von Raum und Zeit verbinden.

f) Die ständige Suche nach Gleichgewicht

Eine Grenze mag auch als Abgrenzung dienen zwischen „zu viel" und „zu wenig", zwischen Mangel und Überangebot. In diesem Sinne finden wir wieder Gleichgewicht und Harmonie jenseits der Extreme. Es ist erstaunlich, wie stimmig das Leben sich gestaltet, wenn man auf diese Prinzipien achtet. Das Leben bietet einem die zwei polaren Aspekte des einen Thema. Darin beinhaltet liegen die Wahl, die Gelegenheit und die riesige

Chance, eine Entscheidung zu treffen. Somit werden die Aufmerksamkeit und der Fokus zusammen mit der gedanklichen Kraft und die emotionale Ladung auf der „als richtig" ausgewählten Lösung oder Möglichkeit gerichtet. Die Existenz fungiert als Spiegel und schenkt uns Rückmeldungen in Form von Emotionen und Ereignissen. Ist die Entscheidung stimmig, ist das Feedback harmonisch und wirkt als Bestätigung und Synchronizitäten unterstreichen die Stimmigkeit des Augenblickes. Ist der Gefühlsfluss beeinträchtigt, mag es sinnvoll sein, den Entschluss anzupassen oder gänzlich zu revidieren. Je klarer die eigenen Linien, desto deutlicher gestaltet sich die Kommunikation mit dem Leben. Sind die Aura-Konturen verschwommen, der Geist unklar und die Gefühlslage verwirrt ist der ganze Mensch undifferenziert in seinem Austausch mit den Inneren Ebenen und entsprechend mit seiner Lebensführung. Meistens hat er schon längst seine Selbst-Bestimmung aufgegeben: er verzichtet auf seinen freien Willen und lässt sich an der Nase führen. Er verharrt in einem unreifen kognitiven Zustand und „hofft", dass alles gut wird – als ob das Leben im Allgemeinen und SEIN Leben im Besonderen mit ihm nichts zu tun hätte. So schwirrt er unspezifisch herum im Universum: seine Frequenz ist niedrig und löst sich auf in einem See von Ohnmacht, Unentschiedenheit, Verantwortungslosigkeit, nicht wissen, nicht können, nichts wagen außer folgen und ausführen, was man ihm sagt. So kann man ein Leben führen, das an der Essenz der Lebendigkeit vorbei vegetiert. Das sind die Menschen, die

Angst vorm Leben haben. In der Tat ist das Leben gefährlich: keiner kommt lebendig heraus.

Das ist der Status quo von vielen. Immer mehr jedoch erleben eine Öffnung, in der sie sich als ewige Seele identifizieren. Die innewohnende Führung offenbart sich, der Dialog mit der inneren Weisheit wird individueller und zuverlässiger. Irgendwann, jeder im eigenen Rhythmus, kommt das Erwachen. Der Prozess der Individuation gestaltet sich. Immer mehr Augenblicke der Existenz werden durchleuchtet. Der Mensch wird differenzierter und lebt vermehrt im Einklang mit seiner Seele. Somit ist er imstande bewusster Mitschöpfer zu werden, anstatt nur da zu sein „um Erfahrungen zu machen".

Mit jedem Gedanken und jeglichen Gefühlslagen trägt der Mensch mit erweitertem Gewahrsein zur Weltseele bei. Je höher und feiner seine Schwingung, umso differenzierter und intensiver sein Beitrag zum Wohle des Ganzen. Dann geschieht noch der Prozess der Übereinstimmung und der Zusammenfügung, der die Protagonisten zusammenbringt durch das Prinzip der Resonanz. Je individueller der Auftrag, umso mehr dient er der Menschheit, umso einflussreicher und sinnvoller für die Gesamtheit. Und dann geschieht Magie: jedes Puzzlestück zieht andere ergänzende „Puzzlestücke" oder Seelen an und auf überpersönliche Art und Weise findet jede Seele ihren Platz im großen Bild, um gerade das große Bild neu zu gestalten.

g) Evolution und Revolution

Was da beschrieben ist, gehört zum Evolutionsprozess. Das ist jener Prozess, der das aktive Erwachen ankurbelt, und zwar aus dem Inneren heraus. Jede Seele, jeder Samen entfaltet sich im eigenen Tempo. Deshalb wird die Evolution manchmal unterschätzt, denn Veränderungen finden auf fast unsichtbare Weise statt. Mindestens am Anfang, später sind sie wesentlicher und vor allem verankert, denn ihr Rhythmus ist stabil und kumulativ. Die Abgrenzung wird deutlicher: der Mensch weiß immer mehr, wer er in seiner Essenz ist.

Als Vergleich betrachten wir die Revolution im Gegensatz zur Evolution: öfters wird sie von außen gestiftet, wobei die Veränderungen schnell und manchmal brutal initiiert werden. Zwang und Zerstörung sind Teil davon. Einer kommt von außen und überrumpelt die Massen von außen. Er meint zu wissen, was für alle gut ist und verspricht Glück für alle. Das Prinzip der Revolution ist Yang.

Das Prinzip der Evolution hingegen ist Yin: es geschieht im Inneren fast ungeachtet. Das individuelle Erwachen ist für jeden nach Maß geschnitten, denn es wird vom Einzelnen selber gestaltet. Jedoch entspricht jeder Schritt den Entwicklungszügen des sich entfaltenden Gewahrseins. Die Evolution ähnelt eher der Metamorphose des Schmetterlings. Das ganze Wesen wird miteinbezogen und selbstbestimmt. Sich selbst zu gebären mag auch schmerzhaft sein jedoch nicht auf dieselbe zerstörerische Weise, die das Ausrotten der Gegner zum Ziel hat. Die eigene Geburt legt den Schwerpunkt auf die

Erweiterung und Erneuerung der Fähigkeiten nicht auf den Niedergang. Dieser relativ langsame Prozess geht über die Emotionen und die Herzintelligenz, über den Fühlen-Denken Aspekt des Menschen im Einklang mit der neuen Zeit des Humanismus, der Herzkommunikation, der universellen Heilung und der Entfaltung höherer innewohnender menschlicher Fähigkeiten (Telepathie, Scheuklappenfreie Wahrnehmung, individuelle Wahrheit, universelle Heilung und inspirierte Kreativität). Dies beeinflusst alle Bereiche des Lebens auf der Erde und jenseits und ist wie das Strahlen des Lichtes auf dem Planeten und die Erhöhung der Schwingung unaufhaltsam. Gleichzeitig ist die Reifung des Gewahrseins verinnerlicht und geschieht eine Zeit lang im Verborgenen, wo man sie eventuell unterschätzt, bis die „Schwangerschaft" nicht mehr zu verstecken ist. Dann staunen alle – die nicht bewusst und bereit sind. Die anderen freuen sich auf die wieder gefundene Einheit und die Harmonie der bunten Kreativität des neuen Morgens: ab heute machen wir alles anders nämlich im Einklang mit der Seele den Einen und der Überseele der Welt.

h) Schlussbetrachtung

Das menschliche Paradox liegt im polaren Aspekt seiner Natur: Unendlich, grenzenlos, spirituell sowohl als auch physisch, materiell, ephemer und abgegrenzt in Zeit und Raum. Die polare Qualität innerhalb seiner Einheit erhebt ihn über seine irdischen Grenzen. Sie sind aber seine großen Chancen zu einer riesigen Bewusstseinserweiterung, insofern er bereit ist, seine wahre Größe zu übernehmen: nein, kein Egotrip oder Krönung der Schöpfung. Der Weg geht über die Innenschau in die Wahrnehmung seiner Essenz. Dafür muss man die Augen der Seele aufmachen und aufhören sich an der Nase führen zu lassen und ständig vom Wesentlichen abgelenkt zu werden.

Aus energetischer Sicht beeinträchtigen schwammige Aura-Grenzen den natürlichen Schutz der individuellen Einheit auf allen Ebenen. Der Mensch ist beinflussbar und lässt alles hinein, ohne seine Verantwortung und seine Unterscheidungs-fähigkeiten walten zu lassen. Was für ein Mensch ist er? Er neigt zu Leichtgläubigkeit, ist unfähig Wahrheit, Aberglaube und Schwachsinn zu trennen, er ist verwirrt uns verunsichert. Er fühlt sich unwohl in seinem Körper, im Unfrieden mit seiner Seele und im Konflikt mit seinem Geist.

Gesunde Abgrenzung setzt keine Barriere auf, sondern sie stellt deutliche Limits auf durch Identifikation mit dem ewigen Aspekt und durch die Absicht einer ausgewogenen Interaktion zu den Mitbeteiligten und zur Gesellschaft. Heile Grenzen setzen überlegte Umgangsregeln mit sich und mit der Welt. Verbindungen und Austausch sind geprägt von Respekt, Achtsamkeit, Rücksicht und mit Freude an die bereichernde Andersartigkeit.

Und vor allem weiß ich, was ich will und was für mich gut, aufbauend, gesund, erhebend, erfreulich, interessant und wahrhaftig ist. Denn ich bin die perfekte Expertin für mich selbst.

Gesunde Grenzen definieren, wie ich behandelt werden will und wie ich meinen Mitmenschen begegne. Ausgewogene Abgrenzung fordert ein offenes, authentisches Miteinander in Achtsamkeit und Empathie.

Nähe, Distanz und Schutz bleiben flexibel jedoch stets in Übereinstimmung mit der eigenen göttlichen Essenz im Inneren. Die klare Wahrnehmung des persönlichen Abstands meines Gegenübers und der Respekt seines freien Willens sind grundsätzlich. Jemanden in Ruhe zu lassen im Gegensatz zu „den anderen retten zu wollen". Möge sich jeder selber retten und damit anfangen, seine eigene Macht und Kraft auszuüben, um endlich in die Selbst-Empowerment Phase zu kommen.

ZWEITÄGIGES SEMINAR: GESUNDE ABGRENZUNG

Dieses brennende Thema wird spielerisch und pro-aktiv gestaltet, so dass wir unsere eigenen Bedürfnisse entdecken. Nur so sind wir imstande, gesunde Grenzen zu ziehen und zu bewahren.

Wie immer in meinen Seminaren erleben Sie eine spannende Mischung zwischen Praxis und Theorie, Wissen und Energetisches, innere und äußere Schwingungsebenen und deren Einklang und Verbindung.

TAG 1:

Definitionen und persönliche Schwerpunkte.

Meine Essenz finden und mich mit ihr verbinden, um meine inneren Limits zu spüren und meine äußeren Limits aufzustellen. Kontakt mit dem eigenen Wesen.

Abgrenzung: eine besondere weibliche Thematik?

Der übergriffige Staat und die innere Führung.

Die Wahl, das Bevorzugen. Die Unter, die Ent- und die Ausscheidung.

Neue Grenzen einordnen.

Lerne NEIN zu sagen.

Das Saturn Prinzip

Energetische Übungen.

Spiele mit Vokabeln

Gesunder Aura Schutz: Theorie und Übungen

Unterstützende Halbedelsteine

Selbst auferlegte Grenzen: die wahre Freiheit erleben

Tag 2:

Abgrenzung in der Familie

Gesunde Abgrenzung und die Chakra Lehre

Harmonisierung von Grenzüberschreitungen: praktische Heilung zum selber durchführen.

Grenzen und Empowerment: „Reclaim your power"

Essenzen, die die gesunde Abgrenzung stärken.

Farblehre und Grenzen

Besondere Werkzeuge zum Schutz vor elektromagnetischen Strahlen und anderen Einflüssen

Spezielle Themen: verharmlosen, Narzissmus

Denken und fühlen als Rückmeldung

Denken und fühlen als Visionäres Werkzeug.

Praktische Übungen, um die Opfer-Rolle zu beenden.

Empfohlene Lektüre: Daniele Ganzer „Propaganda. Wie unsere Gedanken und Gefühle gelenkt werden"

Auf meiner Webseite finden Sie die aktuellen Veranstaltungen. Bei Interesse können Sie mich kontaktieren und individuelle Seminare vorschlagen: aureliennedauguet.com

Literaturhinweise

Aurélienne Dauguet

Reiseführer zu deinen kosmischen Energien

Aura-Entdeckung

ISBN 978-3-944700-02-1 (Paperback)

ISBN 978-3-944700-12-0 (e-Book)

Alles was lebt, besitzt eine Aura.

Die Energien, die feinstofflichen Ausstrahlungen, wahrzunehmen, gehört zur natürlichen Begabung lebendiger Wesen. Diese wieder zu entdecken, eröffnet einen frischen, neuen Blick auf den Alltag und breite Horizonte.

Das Buch „Reiseführer zu deinen kosmischen Energien – Aura-Entdeckung" führt den Leser auf eine Entdeckungsreise in die verschiedenen Ebenen und Dimensionen der menschlichen Aura.

Es enthält sowohl theoretische Abhandlungen über die verschiedenen Schichten der Aura, wie den Ätherkörper, den Emotionalkörper oder den Mentalkörper, sowie auch praktische Übungen zum richtigen Umgang mit der Aura.

Letztlich wird das Buch für den Leser ein Reiseführer zu sich selbst.

Aurélienne Dauguet

AURATHERAPIE

für ÄRZTE, THERAPEUTEN

und interessierte LAIEN

ISBN 978-3-96051-055-0 (Paperback)

ISBN 978-3-96051-056-7 (Hardcover)

ISBN 978-3-96051-057-4 (e-Book)

Dieses Buch besteht aus zwei Teilen:

Im Lehrbuch liegt der Schwerpunkt auf dem theoretischen Hintergrund, auf der Aura sowie den unterschiedlichen feinstofflichen Schichten. Es werden energetische Zugänge zur feinstofflichen Anatomie betrachtet. Auf die verschiedenen Aurapathologien sowie auf ihre Begradigung wird ausführlich eingegangen. Der hellsichtige Zugang zu Vergangenheit und Zukunft, zu inkarnationellen Erfahrungen, zu prophylaktischer Aurapflege und zur Aurachirurgie werden vorgestellt und in den therapeutischen Rahmen eingebunden.

Das Praxisbuch beinhaltet praxisorientierte Übungen, die die subtilen Wahrnehmungen des Therapeuten schulen, und Techniken, welche die Aura und deren Dimensionen pflegen, schützen, klären, harmonisieren und behandeln. Es enthält auch Erfahrungsberichte, die die Theorie und die Umsetzung der Auratherapie untermauern, sowie Erfindungen der Autorin.

Aurélienne Dauguet

Mein neues Leben mit

der Lichtnahrung

ISBN 978-3-96240-554-0 (Paperback)

ISBN 978-3-96240-555-7 (Hardcover)

ISBN 978-3-96240-556-4 (e-Book)

Dies ist der Bericht über den Lichtnahrungsprozess der Autorin. Sie vertraut uns an, wie ihr die Umstellung von „normaler" Nahrung auf Photonen-Nahrung gelungen ist. Wir begleiten sie während des ersten Jahres ihres neuen Lebens mit der Lichtnahrung.

Diese Beschreibung ist authentisch, bodenständig, klar und schlicht.

Der Sinn ihres Beitrags liegt darin, das Verständnis und den geistigen Zugang zur Lichtnahrung menschlich und realistisch zu erleichtern.

Niemand soll hierzu ermutigt werden. Dieser Prozess ist ein rein innerer Vorgang, ein Ruf der Seele. Hier gibt es nichts zu beweisen und niemanden zu überzeugen.

Für die Autorin war die Entscheidung, sich von Prana zu ernähren, eine der wichtigsten in ihrem Leben, mit der Freiheit, die Lichtnahrung jederzeit zu beenden oder sie fortzusetzen.

Aurélienne Dauguet

EIN NEUES SELBSTBILD

ERSCHAFFEN

ISBN 978-3-944700-14-4 (Paperback)

ISBN 978-3-944700-44-1 (e-Book)

Bin ich halt so wie ich bin und immer war und daran ist nichts zu rütteln? Oder bin ich auf Erden gerade dafür, um mich und mein Wesen zu entdecken, zu erforschen, zu entfalten und zum Ausdruck zu bringen? Oder bin ich hier inkarniert, um meine Persönlichkeit zu verfeinern, zu veredeln und sie im Einklang mit meiner Essenz zu verbinden?

Selbstbestimmt und aufrichtig schreite ich durch die Welt voran und erinnere mich an meinen innewohnenden göttlichen Funken. Als Schöpfermensch und in Übereinstimmung mit meinem Höheren Selbst lebe ich meine ewigen und multidimensionalen Aspekte im Alltag aus.

Dieses unterstützende Werk zur Selbsterkenntnis wirft ein transformatives Licht auf den Menschen als spirituelles Wesen mitten im aktuellen Um- und Durchbruch. Die Metamorphose ist voll im Gange. Die Notwendigkeit und die Verantwortung ein anderes Menschenbild zu entwerfen, liegen in den Händen von jedem Einzelnen. Ein neues Selbstbild für jeden ruft unmittelbar eine differenzierte Identität für die gesamte Menschheit hervor.

Aurélienne Dauguet

Der Blender

oder

Vom Lieben und Sterben

ISBN: 978-3-944700-17-5 (Paperback)

ISBN: 978-3-944700-57-1 (e-book)

Diese wahre Geschichte verleiht erstaunliche Einblicke in karmische Zusammenhänge und alte Glaubenssätze, die überholtes Verhalten an den Tag legen.

Auf der Reise in die Normandie zu spirituellen Gesprächen mit einem angesehenen Autor enthüllen sich mehr und mehr unerwartete Zusammenhänge.

Wie im Kaleidoskop entfalten sich verschiedene Schicksale aus dem Alten Ägypten bis in eine zukünftige, befreiende, lichtvolle Verheißung. Erkenntnisse konfrontieren inakzeptable Zustände und Beziehungsmuster, um sie unter dem Spotlight des Bewusstseins zu transformieren und zu heilen.

Reflektionen und geistige Fähigkeiten untermauern jeden Tag des nordfranzösischen Aufenthaltes. Ewig gültige Prinzipien stechen hervor aus der unterhaltsamen Erzählung und schenken ein tieferes Verständnis über das eigene Leben, Sterben und Lieben.

Über die Autorin

Aurélienne Dauguet (geboren 1953 in Paris) verfügt seit ihrer Jugend über eine ausgeprägte feinstoffliche Wahrnehmungsfähigkeit.

Zunächst als Krankenschwester (Zusatz Psychiatrie) tätig, ist sie heute unter anderem Dozentin an den Paracelsus-Schulen in Deutschland und der Schweiz für Auratherapie, fein-stoffliche Radionik, den Sterbeprozess aus ganzheitlicher Sicht, Geistiges Heilen etc.

Das aktuelle Unterrichts-Angebot ist bei den Paracelsus Schulen abrufbar.

Weiterbildungen: Lithotherapie, Aura-Arbeit, Aromatherapie, Blüten- und Edelsteinessenzen-Radiästhesie, feinstoffliche Radionik (ohne Gerät), „Radionic Practitioner" nach der „British Radionic Association" und mit David Tansley, Aura Soma Ausbildung mit Vicky Wall. Aurélienne Dauguet war Aura Soma Lehrerin.

Die Lehr- und Seminartätigkeit rund um das Thema Aura erfolgt europaweit.

Seit ca. 30 Jahren bietet sie sowohl in eigenen Räumen als auch per Telefon Lesen und Reinigen der Aura, Mediales Schreiben, Einzelsitzungen, Einzelunterricht sowie Fernunterstützung in deutscher, englischer und französischer Sprache an.

Bei Interesse siehe Kontaktdaten.

Kontakt:

Aurélienne Dauguet

Schießgrabenstraße 28

86150 Augsburg

Tel: 0049 821 / 45 40 77 44

WEBSEITE: aureliennedauguet.com